O HOMEM

E OS SEUS CORPOS

ANNIE BESANT

✪

O HOMEM
e os seus corpos

Tradução de
MÁRIO DE ALEMQUER

EDITORA PENSAMENTO
São Paulo

Ano

05-06-07-08-09-10-11

Direitos reservados
EDITORA PENSAMENTO-CULTRIX LTDA.
Rua Dr. Mário Vicente, 368 – 04270-000 – São Paulo, SP
Fone: 6166-9000 – Fax: 6166-9008
E-mail: pensamento@cultrix.com.br
http://www.pensamento-cultrix.com.br

Impresso em nossas oficinas gráficas.

ÍNDICE

	PÁG.
Prefácio	7
Introdução	9
O Corpo Físico	14
O Corpo Astral ou Corpo de Desejos	47
Os Corpos Mentais	79
Os Outros Corpos	104
O Homem	113

PREFÁCIO

Poucas palavras bastam para a apresentação deste pequeno volume. É o nono e último duma série de manuais publicada para satisfazer o desejo daqueles que reclamam uma exposição simples e clara das doutrinas teosóficas. Muita gente se tem queixado de que a nossa literatura é ao mesmo tempo muito obstrusa, demasiado técnica e bastante cara para a grande maioria dos leitores. Estamos esperançados em que esta nova série, correspondendo a uma verdadeira necessidade, preencherá essa lacuna. A Teosofia não é só para os sábios e eruditos; é para todos. É possível que dentre aqueles que nestes pequenos volumes elementares beberam as primeiras idéias das suas doutrinas, surjam alguns que sejam levados por elas a penetrar mais fundo nos seus aspectos científicos, religiosos e filosóficos, encarando os problemas teosóficos com o zelo de investigador e com o ardor do neófito. Mas não foi só para o investigador, ávido de conhecimento, para quem não há dificuldades iniciais que o amedrontem, que se escreveram, mas sim para todos os indivíduos, de ambos os sexos, que mergulhados na labuta diária das suas ocupações, procurem assimilar algumas das grandes verdades que tornam a vida mais fácil de viver e a morte mais fácil de encarar. Escritos pelos servos dos Mestres, que são os Irmãos Primogênitos da nossa raça, o seu objetivo não pode ser senão servir os nossos semelhantes.

INTRODUÇÃO

Reina uma tão grande confusão entre o ser consciente e os seus veículos, isto é, entre o homem e os trajes que o revestem, que se torna necessário apresentar aos estudantes de Teosofia uma exposição clara e simples dos fatos tais como os conhecemos. Na altura a que chegamos em nossos estudos, há muitas coisas que antes se nos afiguravam vagas e ininteligíveis e que agora se tornaram definidas e claras como água; muitos ensinamentos que antes aceitávamos a título de teoria, presentemente se transformaram para nós em fatos de conhecimento direto. Daí a possibilidade de classificar determinados fatos de modo definido, fatos estes que podem ser submetidos a repetidos exames, à medida que os novos estudantes vão desenvolvendo o seu poder de observação; e assim podemos falar desses fatos com a mesma certeza com que o físico trata de outros fenômenos observados e classificados. Porém, se o físico por vezes erra, o mesmo pode acontecer aó metafísico, à medida que o conhecimento se expande. Não podemos nem queremos apresentar-nos como autoridade no assunto, com direito a impor as nossas idéias; somos apenas um estudante que quer transmitir a outros estudantes as suas próprias investigações, os conhecimentos adquiridos, mais ou menos imperfeitamente, e as investigações resultantes das observações de discípulos, observações restringidas, é claro, àquilo que as suas limitadas faculdades lhes permitem.

Ao iniciarmos o nosso estudo, é mister que o leitor do Ocidente modifique o ponto de vista sob o qual se habituou a encarar a si mesmo; é mister que se esforce por fazer uma distinção nítida e clara entre o homem e os corpos que este habita. Habituamo-nos demais a identificar-nos com os trajes externos que envergamos, e não podemos resistir a deixar de considerar os nossos corpos como nós mesmos. Ora, é absolutamente necessário, para atingirmos a verdadeira concepção do nosso assunto, que abandonemos este ponto de vista e cessemos de nos identificar com os invólucros que só revestimos por algum tempo para pouco depois nos despojarmos dêles. Identificar-nos com estes corpos, cuja existência é passageira, seria uma loucura equivalente a confundir-nos com o nosso vestuário; não dependemos dele — o seu valor acha-se proporcionado à sua utilidade. O erro que tanta vez se comete e que consiste em confundir o nosso ser consciente, ou seja o nosso Ego, com os veículos em que ele momentaneamente funciona, só pode ser desculpado pelo fato da consciência em estado de vigília e, até um certo ponto, a consciência em estado de sonho, viverem e trabalharem no corpo, sem que o homem vulgar conheça a sua existência à parte.

Contudo podemos obter uma compreensão intelectual das verdadeiras condições, assim como nos é permitido habituarmo-nos a considerar o nosso Ego como o dono dos seus veículos. Com o tempo e experiência, nos convencemos da realidade deste fato, quando tivermos aprendido a separar o nosso Ego dos seus corpos e a sair do nosso veículo físico, quando adquirirmos a certeza de que não dependemos dele, quando soubermos enfim que fora deste existe para nós uma consciência muito mais ampla e completa. Depois de obtermos este resultado, é claro que nunca mais identificaremos o nosso Ego com os nossos corpos; nunca mais cometeremos o erro de imaginar que a nossa personalidade é o invólucro que envergamos. A clara compreensão intelectual acha-se ao alcance de todos nós; podemos portanto proceder à distinção habitual entre o Ego, isto é, o homem, e os seus corpos; basta isto para nos libertarmos da ilusão que envolve a maioria das pessoas; basta isto para modificarmos a nossa atitude para com a vida e o mundo, elevando-nos a uma região mais serena, onde não existem as mudanças e as contingências da "vida mortal", nem as contrariedades mesquinhas que, dia a dia, afligem desmesuradamente a consciência encarnada. Sentiremos assim as verdadeiras proporções entre as coisas sujeitas a mudanças constantes e as que são relativamente permanentes, e sentiremos a diferença enorme que reina entre o náufrago em luta com as ondas, prestes a afundar-se, e o homem que desafia impunemente o fragor da tempestade, no abrigo inacessível dum rochedo.

Quando falo do homem, refiro-me ao Ego, vivo, consciente, pensador, isto é, à individualidade; e os corpos a que tenho aludido são os vários invólucros nos quais este Ego é encerrado; cada um destes invólucros permite ao Ego funcionar numa certa região do universo. Um homem que deseje viajar por terra, pelo mar ou pelo espaço, fará uso dum carro, dum navio ou dum avião; porém estes veículos em nada alteram a sua identidade. Do mesmo modo o Ego, o homem verdadeiro, conserva a sua identidade, seja qual for o corpo em que estiver funcionando; e do mesmo modo como o carro, o navio e o avião variam na qualidade do material e na sua construção, segundo o elemento a que são destinados, assim também cada corpo varia segundo o meio onde deve agir.

A densidade da sua substância, a duração da sua vida, as faculdades de que são dotados dependem do papel que os corpos têm de preencher; mas há uma coisa em que todos têm do comum em relação ao Homem: todos eles são transitórios, todos são seus instrumentos, seus servos, gastando-se e renovando-se segundo a sua natureza; devem-se adaptar ao homem, às suas diferentes necessidades, ao seu poder sempre crescente. Estudá-los-emos um por um, principiando pelo menos elevado; em seguida trataremos do homem, o ser que atua através de todos estes corpos.

O CORPO FÍSICO

Sob a denominação de "corpo físico" devem incluir-se os dois princípios inferiores do homem, que na linguagem teosófica chamamos *Sthula-Sharita* e *Linga Sharita*. Ambos funcionam no plano físico; ambos são compostos de matéria física e formados para um período de vida física, e ambos são abandonados pelo homem físico quando morre e desintegram no mundo físico quando o homem segue para o astral.

Outra razão que nos leva a classificar estes dois princípios sob o nome de corpo físico ou veículo físico, é porque sempre usamos um ou outro destes trajes físicos, enquanto vivemos no mundo físico, ou antes, plano físico, como é costume chamar-lhe; ambos pertencem a este plano devido à matéria de que são formados e pelo mesmo motivo nunca podem sair dele. A consciência que neles trabalha acha-se escravizada pelas suas limitações físicas e sujeita às leis ordinárias de espaço e tempo. Embora sejam parcialmente separáveis, é raro estarem separados durante a vida terrestre. De resto, essa separação não é para aconselhar, pois constitui sempre um sinal de doença ou de constituição mal equilibrada.

Segundo os materiais de que são compostos, subdividem-se em: *corpo grosseiro e duplo etérico,* dos quais o último é a reprodução exata, partícula por partícula, do corpo visível; é igualmente o intermediário que põe em movimento todas as correntes elétricas e vitais das quais depende a atividade do corpo. Este Duplo Etérico tem sido denominado até agora "Linga Sharira", porém, há várias razões para cessar o uso desse termo. "Linga Sharira" teve, desde tempos imemoriais, uma significação muito diferente, quando empregado pelos livros hindus; e este desvio arbitrário do seu verdadeiro sentido tem dado lugar a grandes confusões entre os estudantes ocidentais e orientais da literatura hinduísta. A falta doutros motivos bastaria este para nos levar a renunciar ao uso impróprio do termo. E mesmo, é preferível empregar nomes facilmente compreensíveis para classificar as subdivisões da constituição humana, pois certas denominações da terminologia sânscrita constituem um verdadeiro obstáculo para os principiantes. Além disso, a expressão *duplo etérico define* exatamente a natureza e a constituição da parte mais sutil do corpo físico, sendo portanto significativa e fácil de reter, condição esta a que todos os nomes deviam obedecer; é "etérico", por ser constituído por éter, e é "duplo" por ser uma reprodução exata do corpo grosseiro — a sua sombra, por assim dizer.

Ora, a matéria física tem sete subdivisões, que se distinguem umas das outras, e que, todas elas, dentro dos seus limites, mostram uma grande variedade de combinações.

As subdivisões são: o sólido, o líquido, o gasoso e o etérico; este último, por sua vez, possui quatro condições que se distinguem entre si tão nitidamente como os líquidos se diferenciam dos sólidos e dos gasosos. São estes os sete estados da matéria física; qualquer porção desta matéria é suscetível de passar para um destes estados, mas, nas condições normais de temperatura e de pressão, a matéria adota um dos sete estados como condição relativamente permanente, como por exemplo, o ouro que vulgarmente é sólido, a água que vulgarmente é líquida e o cloro que vulgarmente é gasoso. O corpo físico do homem é composto de matéria nestes sete estados — o corpo grosseiro consiste de sólidos, líquidos e gases, e o duplo etérico, das quatro subdivisões do éter, conhecidas respectivamente sob as denominações de Éter I., Éter II., Éter III. e Éter IV.

As pessoas às quais se expõem as mais elevadas verdades teosóficas, queixam-se constantemente de ser tudo isto demasiado vago, e perguntam: "Por onde devemos principiar?"

Qual deve ser o ponto de partida se quisermos instruir-nos a nós próprios, se quisermos provar a verdade das asserções já feitas? De que meios nos devemos servir? Numa palavra, qual é o alfabeto desta linguagem que os teosofistas empregam com tanta volubilidade? Como devemos nós proceder, simples homens e mulheres do mundo, a fim de compreendermos e verificarmos nós mesmos estes assuntos, em vez de nos contentarmos com as experiências daqueles que declaram já saber tudo? Tentarei responder a esta pergunta nas páginas seguintes, fazendo por mostrar aos que são realmente sinceros, quais as primeiras medidas práticas a tomar. É claro que estas medidas devem aplicar-se a uma vida, cuja regiões moral, intelectual e espiritual serão igualmente submetidas a uma educação sistemática; pois é evidente que o tratamento exclusivo do corpo não basta para tornar o homem um visionário ou um santo. Por outro lado, o nosso dever é, indubitavelmente, submeter o corpo a uma certa preparação, visto que ele constitui um instrumento indispensavel para nos orientarmos em direção ao verdadeiro Caminho. Se nos ocuparmos somente do corpo, nunca alcançaremos as alturas a que aspiramos, mas também, se o votarmos ao desprezo, do mesmo modo nos será impossível galgar essas alturas. Os corpos em que o homem tem de viver e trabalhar são os seus instrumentos. Devemos compreender, antes de mais nada, que nós não fomos feitos para o corpo, mas sim o corpo para nós; devemos utilizar-nos dele, mas não devemos, de modo nenhum, prestar-nos a servi-lo. O corpo é um instrumento que tem de ser purificado, aperfeiçoado, moldado numa forma própria e constituído pelos elementos mais aptos a torná-lo o instrumento dos mais sublimes desígnios do homem no plano físico. Tudo quanto se fizer com esse objetivo em vista, deve ser alvo de maior interesse e incitamento; do mesmo modo se deve evitar tudo quanto lhe for contrário. Os desejos que o corpo manifesta, os hábitos que contraiu no passado, nada disso tem importância; o corpo é nosso servo, deve submeter-se aos nossos desejos; se lhe permitimos que se apodere das rédeas, se nos deixamos guiar por ele, em vez de o governarmos nós, então está tudo perdido; o fim que nos propúnhamos atingir, o objetivo da vida inteira acha-se invertido e toda a espécie de progresso se torna inteiramente impossível. É este o ponto de partida para todo aquele que for sincero. A própria natureza do corpo físico faz dele uma coisa fácil de se transformar num servo ou num instrumento. Possui certas particularidades que nos ajuda a desenvolvê-lo, a guiá-lo e a amoldá-lo, segundo o nosso desejo. Uma dessa particularidades consiste na sua prontidão em seguir uma certa linha de conduta, logo que a ela tenha sido habituado, trabalhando para isso com o mesmo afã e o mesmo gosto com que antes se dedicara a outra tarefa muito diferente. Se o corpo adquiriu qualquer mau hábito, oporá indubitavelmente uma resistência tenaz a todas as tentativas para modificar esse hábito; porém, se o forçarmos a ceder, se for vencido o obstáculo com que nos embarga o caminho, se o homem obrigar a agir segundo o seu desejo, não tardará muito que o corpo se conforme espontâneamente a um novo hábito que o homem lhe imponha, enveredando para bom o caminho com a mesma complacência com que enveredara para o mau.

Ocupemo-nos agora do corpo denso, que podemos chamar, dum modo geral, a parte visível do corpo físico, embora os elementos gasosos não sejam visíveis ao olhar físico destreinado. Constitui o traje mais exterior do homem, a sua manifestação menos elevada, a expressão mais limitada e mais imperfeita do Ego.

O CORPO DENSO. — É forçoso ocuparmo-nos longamente da constituição do corpo, a fim de compreendermos a maneira de nos assenhorearmos dele para o purificar e educar. Em primeiro lugar tomemos em consideração duas espécies de funções, das quais umas se acham submetidas à vontade, sendo as outras, pelo contrário, geralmente independentes. Ambas funcionam por meio de vários sistemas nervosos. Um deles é o "Grande Simpático", como vulgarmente lhe chamam; é composto dos nervos involuntários e preside às funções do corpo, estando encarregado de manter a vida habitual, isto é: a contração e expansão dos pulmões, as pulsações do coração, os movimentos do aparelho digestivo, etc. Em tempos remotos, durante o longo passado de evolução física, quando os nossos corpos se achavam em pleno processo de desenvolvimento, este sistema obedecia à autoridade do animal em cujo poder se encontrava. Porém, a pouco e pouco principiou a trabalhar automaticamente, emancipou-se do poderio da vontade, tornou-se quase independente e continuou a desempenhar todas as funções vitais normais do corpo. Enquanto o homem goza de saúde, estas funções passam-lhe despercebidas; sabe que respira quando qualquer opressão lhe corta momentaneamente a respiração; sabe que o coração trabalha, quando as pulsações são violentas e irregulares; mas se tudo funcionar normalmente, não dá por nada. Contudo pode-se subjugar o sistema nervoso simpático pela vontade, graças a uma prática demorada e dolorosa; há uma classe de iogues na Índia — chamados da Hata-Ioga — que desenvolve extraordinariamente este poder, com o fim de estimular as faculdades psíquicas inferiores. Estas faculdades podem-se desenvolver só pela ação direta do corpo físico, *pondo completamente de parte* a evolução espiritual, moral ou intelectual. O hata-iogue habitua-se a reprimir a respiração, a ponto de a suspender por largo espaço de tempo; aprende a regular as pulsações do coração segundo a sua vontade, acelerando ou retardando a circulação e produzindo assim um estado de êxtase que tem por resultado libertar o corpo astral. Esta prática não é para aconselhar; mas em todo o caso serve de lição às nações ocidentais, que tão facilmente reconhecem o jugo imperioso do corpo, para que fiquem sabendo que o homem pode dominar inteiramente essas funções, automáticas no estado normal, e que milhares de homens se submetem de livre vontade a uma disciplina demorada e dolorosíssima, a fim de se libertarem da prisão do corpo físico, conseguindo viver, embora a animação do corpo esteja suspensa. Esta prática é, na verdade, pouco recomendável, mas, pelo menos, os homens que a seguem tomam-se a si mesmos a sério e deixam de ser, por algum tempo, escravos dos sentidos.

Em segundo lugar, temos o sistema nervoso voluntário, muito mais importante relativamente aos nossos desígnios mentais. É o grande sistema que serve de instrumento ao pensamento, graças ao qual nos movemos e experimentamos sensações no plano físico. É constituído pelo áxis cerebrospinal — o cérebro e a medula — do qual se ramificam para todas as partes do corpo filamentos de substância nervosa. Estes filamentos são os nervos motores e sensitivos; os primeiros dirigem-se do centro para a periferia e os segundos da periferia para o centro. Os filamentos nervosos afluem de todas as partes do corpo, juntam-se em feixes e vão em seguida unir-se à medula espinal cuja substância fibrosa externa é por eles constituída. Daí continuam a sua marcha ascensional a fim de se expandirem e ramificarem ao cérebro, centro de todas as sensações e de todos os movimentos intencionais, submetidos ao domínio da vontade. Tal é o sistema graças ao qual o homem exprime a sua vontade e a sua consciência; é lícito pois dizer que estas faculdades residem no cérebro. O homem não pode fazer nada no plano físico sem se servir do cérebro e do sistema nervoso; se estes aparelhos se danificam, logo o homem se vê na impossibilidade de se exprimir com método. É justamente neste fato que o materialismo baseia a sua conhecida objeção: o pensamento depende da atividade cerebral e varia com esta atividade. Realmente, se, como os materialistas, nos ocuparmos só do plano físico, temos de concordar que o pensamento e a atividade cerebral variam conjuntamente; é mister empregarmos forças de outro plano, do plano astral, para demonstrar que o pensamento não resulta da atividade nervosa.

O homem, cujo cérebro sofria a influência perniciosa duma doença, dum acidente ou duma droga qualquer, já não pode exprimir sistematicamente o seu pensamento no plano físico.

O materialista também nos mostrará que certas enfermidades produzem um efeito especial no pensamento. Há, por exemplo, uma doença muito rara, a afasia, que destrói determinada parte do tecido cerebral, perto do ouvido, o que resulta na perda total da memória das palavras. Se se fizer uma pergunta a uma pessoa que sofra desta doença, não se obterá resposta, porque isso lhe é totalmente impossível; se se lhe perguntar como se chama, conservar-se-á muda; porém se se lhe pronunciar o nome, logo mostrará que o reconhece; se se lhe fizer qualquer leitura, dará sinais da aprovação ou dissentimento; consegue portanto pensar, mas não consegue falar. Parece que aquela parte do cérebro que desapareceu estava ligada à memória física das palavras e devido à sua falta, o homem, no plano físico, perde a memória das palavras, e emudece, embora simultaneamente conserve o poder de pensar e a faculdade de concordar com qualquer proposta que lhe fazem, ou, não lhe agradando, de mostrar o seu dissentimento. É claro que o argumento materialista cai por terra, assim que o homem se liberta do seu instrumento cheio de imperfeições; então é-lhe permitido manifestar o seu poder, para logo o perder novamente, quando só tiver à sua disposição os meios físicos de expressão. Seja como for, a importância desta discussão, relativamente às nossas pesquisas atuais, não consiste no valor, maior ou menor do homem se ver limitado, na sua expressão sobre o plano físico, pelas faculdades do seu instrumento físico — instrumento que é suscetível de ser influenciado pelos agentes físicos. Se, como acabamos de ver, estes agentes o podem prejudicar, também é certo que o poderão aperfeiçoar. Esta consideração terá para nós uma importância capital.

Como todas as outras partes do corpo, estes sistemas nervosos são constituídos por células, pequeninos corpos, bem definidos, formados por uma substância interna rodeada duma parede externa, visíveis ao microscópio e modificados segundo as suas diversas funções; estas células, por sua vez, compõem-se de pequenas moléculas, as quais são formadas de átomos. Cada um destes átomos constitui para o químico a última partícula indivisível dum elemento químico. Estes átomos químicos combinam-se de inúmeras maneiras para formar os gases, os líquidos e os sólidos do corpo denso. Para o teósofo, cada átomo químico constitui um ser vivo, capaz de viver uma vida independente e cada combinação destes átomos num ser mais complexo constitui novamente um ser vivo. Cada célula tem também vida própria e todos estes átomos químicos, todas estas moléculas e células se ligam para formar um "todo" orgânico, um corpo, que serve de veículo a uma forma muito mais elevada de consciência, um estado, enfim, que estes seres rudimentares nunca conheceram nas suas existências separadas. Ora, as partículas de que estes corpos se compõem andam em constante vaivém, visto serem agregados de átomos químicos tão minúsculos que não são visíveis a olho nu, embora muitos se possam distinguir ao microscópio. Uma gota de sangue, vista ao microscópio, aparece-nos animada duma vida cheia de intensidade. É um pequeno mundo de corpúsculos vivos, brancos e vermelhos. Os brancos assemelham-se muito, pela sua estrutura e atividade, a amebas vulgares. Acompanhando certas doenças vêem-se micróbios, bacilos de várias espécies. Os sábios dizem-nos que existem em nossos corpos micróbios amigos e inimigos: uns prejudicam-nos, outros precipitam-se sobre esses e exterminam-nos, devorando vorazmente todos os nocivos intrusos, e toda a matéria afetada. Há micróbios vindos do exterior que nos assaltam e devastam os nossos corpos com todos os horrores da doença; há outros, porém, que velam pela nossa saúde, e assim, por este processo renovam-se incessantemente os materiais que constituem o nosso traje corpóreo. Fazem parte do nosso corpo por algum tempo, depois abandonam-no para entrar noutros corpos, dando lugar a uma troca contínua, a um constante vaivém.

A grande maioria da humanidade quase desconhece estes fatos, ou, se os conhece, não lhes liga importância. E contudo, é nestes fatos que se baseia a possibilidade da purificação do corpo denso, tornando-o assim um veículo mais digno do seu dono. O homem vulgar dá toda a liberdade ao corpo para se edificar ao acaso, com a ajuda dos materiais de que dispõe; a natureza desses materiais é-lhe indiferente; se correspondem aos seus desejos está satisfeito e não lhe importa saber se constituem uma morada pura e nobre para o "Ego", que é o homem verdadeiro e cuja vida é eterna. Não exerce nenhuma vigilância sobre estas partículas errantes; nem as escolhe, nem as rejeita; procede como qualquer pedreiro negligente que lança mão de toda a casta de sucata para edificar a sua casa; tudo serve a esse pedreiro: farrapos de lã, lama, aparas, areia, pregos, imundícies de toda a qualidade. Numa palavra, o homem vulgar edifica o seu corpo sem a mais pequena noção do que está fazendo. Depreende-se portanto que a purificação do corpo grosseiro deve consistir num processo de seleção das partículas que deixarem entrar na sua constituição; o homem deve introduzir nele, sob a forma de alimento, os elementos constituintes mais puros que conseguir obter, rejeitando simultaneamente tudo quanto for impuro e grosseiro.

O homem sabe que as partículas que entraram na composição do seu corpo, durante o tempo em que viveu indiferente, desaparecerão gradualmente no espaço de sete anos (processo que pode ser consideravelmente acelerado) e portanto resolve-se a nunca mais admitir a entrada de elementos impuros.

A medida que aumenta o número de elementos puros, vai-se formando no seu corpo um exército de defensores que se encarregam de destruir todas as partículas nocivas que o atacam, vindas do exterior, ou que nele penetram sem o seu consentimento. E, pelo exercício duma vontade ativa de conservar a pureza do corpo, ainda mais a protegerá, pois essa vontade atuando como uma força magnética, afasta implacavelmente todas as criaturas imundas que de bom grado lá entrariam, e defende-o assim contra todas as incursões, a que estará sujeito enquanto viver numa atmosfera impregnada de todo o tipo de vicissitudes e impurezas.

O primeiro passo que o homem dá para a prática da ioga, consiste nesta purificação do corpo, neste desejo de o tornar um instrumento digno de

Ego. Deve dar esse passo na vida presente ou em qualquer outra vida, antes de fazer gravemente a seguinte pergunta: "De que maneira poderei eu próprio verificar as verdades da Teosofia?" Toda a verificação pessoal de fatos superfísicos depende da completa sujeição do corpo humano ao seu soberano, o homem; este é que deve proceder à verificação, porém esse trabalho é-lhe impossível enquanto o corpo for impuro ou lhe servir de prisão. Há homens que adquiriram noutras vidas mais disciplinadas certas faculdades psíquicas parcialmente desenvolvidas, que agora se manifestam, apesar das circunstâncias desfavoráveis; pois bem, essas faculdades de nada lhe servirão enquanto residir no corpo físico, se esse corpo for impuro, porque, nesse estado deformará o exercício das faculdades obtido por seu intermédio, tornando todas as informações pouco dignas de confiança.

Suponhamos agora que o homem se decida deliberadamente a ter um corpo puro. De duas uma: ou se aproveita da circunstância de o seu corpo sofrer uma mudança completa em sete anos ou prefere seguir o atalho mais curto e difícil que ocasiona uma mudança mais rápida. Em qualquer dos casos deve principiar a escolher imediatamente os materiais com os quais o novo corpo puro será construído, e uma das primeiras coisas em que deve pensar é na dieta. Tratará logo de excluir do seu alimento todas as coisas que ameaçam fornecer ao corpo partículas impuras e corruptas. Abolirá o álcool e todo o licor de que ele faça parte, visto introduzir no corpo físico micróbios extremamente impuros, verdadeiros produtos de decomposição. Estes micróbios, além de nocivos, só por si, também se tornam perigosíssimos pelo fato de atraírem para o corpo de que fazem parte, certos habitantes fisicamente invisíveis do plano imediatamente superior, cuja irrupção no corpo seria imensamente desvantajosa. Os que se embriagam, privados pela morte dos seus corpos físicos, não podendo portanto satisfazer a sede intolerável e inextinguível que os devora, pairam constantemente sobre os lugares onde se vendem bebidas, envolvendo com os seus olhares sequiosos as pessoas que bebem, e fazendo o possível por penetrar nos corpos das mesmas, a fim de partilharem do prazer baixo e vil que constitui a sua paixão. Se as mulheres habituadas a todos os requintes da delicadeza pudessem ver as criaturas repugnantes que as bafejam com o seu hálito imundo quando sentem prazer em beber, nunca mais cederiam a essa tentação que as põe em contato com seres absolutamente repelentes, elementais malignos, pensamentos de ébrios revestidos de essência elemental. E, simultaneamente, o corpo físico atrai outras partículas grosseiras, expelidas de corpos de ébrios e de debochados, que andam errantes na atmosfera e que prontamente se infiltram no corpo, tornando-o ainda mais vil e mais grosseiro. Se repararmos nas pessoas que se acham constantemente ocupadas com a manipulação do álcool, fabricando e vendendo vinhos, cervejas e toda a espécie de licores impuros, veremos, fisicamente, que os corpos dessas pessoas se tornaram grosseiros e degradados. Por exemplo, o cervejeiro ou o taberneiro (para não falarmos das pessoas de todas as classes sociais que cometem excessos de bebida) mostra claramente o que acontece a todos quantos introduzem esses elementos perniciosos no corpo. Quanto maior número de partículas absorvem, mais grosseiro este se lhes vai tornando. E acontece o mesmo a quem se alimenta de carne de mamíferos, de pássaros, de reptis e de peixes, assim como todos os crustáceos e moluscos que se nutrem de cadáveres. Como poderão os corpos assim alimentados ser delicados, sensíveis, bem equilibrados, perfeitamente saudáveis?

Como poderão possuir a força e a sutileza do aço temperado que todo o homem necessita para realizar um trabalho superior? Será preciso enfatizar novamente a lição prática encerrada nos corpos que vivem nesses meios? Observemos o magarefe e o carniceiro. Os seus corpos parecem porventura instrumentos apropriados para um trabalho de pensamentos elevados ou para a meditação de sublimes verdades espirituais? E contudo, esses corpos constituem só o produto consumado das mesmas forças que atuam proporcionalmente em todas as pessoas a que eles fornecem carnes impuras. O homem que dedica toda a sua atenção, todos os seus cuidados ao corpo físico, nunca obterá vida espiritual. Mas não há razão nenhuma para se submeter a um corpo impuro. Não há razão nenhuma para permitir que os seus poderes, quer sejam grandes ou pequenos, se deixem tolher, entravar pela imperfeição forçada de semelhante instrumento.

No nosso caminho surge, porém, uma dificuldade que não é para desdenhar. Embora tratemos do corpo com mil cuidados, embora nos recusemos deliberadamente a torná-lo impuro, a nossa vida decorre entre pessoas descuidadas, que em geral desconhecem em absoluto estes fatos da Natureza. Numa cidade como Londres, ou mesmo em qualquer outra cidade do Ocidente, não podemos passar por uma rua sem que a nossa delicadeza seja ofendida a cada passo. Quanto mais aperfeiçoamos o corpo, mais sutis se tornam os sentidos físicos e portanto maior é o nosso sofrimento, devido precisamente ao caráter grosseiro, animal, que impregna a nossa atual civilização. Ao passarmos pelas ruas de grande movimento ou por essas vielas onde a pobreza reina, encontramos a cada passo cervejarias, cujos eflúvios alcoólicos é impossível evitar, assim como açougues e matadouros cujo espetáculo é absolutamente repugnante. De resto, mesmo as ruas que se dizem "respeitáveis" não fazem exceção à regra. É certo que, à medida que a civilização for progredindo, várias alterações serão introduzidas, e entre elas a centralização de todas essas coisas imundas em bairros especiais, onde só os seus apreciadores as irão procurar. Enquanto aguardamos esses tempos melhores, vamos respirando e introduzindo no nosso corpo as partículas que dimanam desses lugares malditos; contudo, se o corpo for puro, não há perigo de germinarem; acontece o mesmo que a um corpo normalmente são que oferece resistência aos micróbios que o invadem. Além disso, existem, como já vimos, exércitos de criaturas vivas que trabalham incessantemente por conservar o sangue puro. Estes verdadeiros guardas do corpo precipitam-se sobre toda e qualquer partícula venenosa que ouse penetrar na cidade dum corpo puro, e exterminam-na sem piedade. Nós é que devemos decidir se preferimos possuir estes defensores da vida ou se antes desejamos povoar o sangue de piratas que destroem e saqueiam tudo quanto é bom. Se nos recusarmos resolutamente a introduzir elementos impuros no corpo, mais inexpugnáveis nos tornaremos contra os ataques exteriores.

Já aludimos ao automatismo do corpo, que é um escravo do hábito, particularidade esta de que nos podemos aproveitar. Pois bem, se um teósofo, ao dirigir-se a um aspirante desejoso de praticar a ioga, e de ser admitido nos planos superiores da existência, lhe dissesse o seguinte: "Deves principiar imediatamente a purificar o corpo antes de praticar a ioga, pois a verdadeira ioga é tão perigosa para um corpo impuro e indisciplinado, como um fósforo a arder num barril de pólvora"; se, repetimos, o teósofo assim falasse ao aspirante, este provavelmente lhe mostraria receio de que a sua saúde sofresse um grande abalo em virtude de semelhante sistema. Ora, para dizer a verdade, o corpo acaba por não se importar com o que lhe dão, contanto que lhe conservem a saúde; em pouco tempo se habitua a qualquer forma de alimento puro e nutritivo. Justamente na sua qualidade de criatura automática, o corpo submete-se prontamente aos desejos do seu dono e não insiste demasiado para obter as coisas que constantemente lhe recusam. Se não prestarem atenção aos seus pedidos de alimentos ordinários e rançosos, não tardará muito que mostre repugnância por esses mesmos alimentos, antes tão apreciados. Um paladar moderadamente natural mostra aversão pela caça e veação que já se encontram naquele estado de decomposição que os franceses denominam "faisandé"; do mesmo modo um gosto puro se revolta contra toda a casta de alimentos grosseiros. É claro que se um homem se habituou a alimentar o corpo com coisas imundas, o corpo acaba por exigi-las imperiosamente e o homem sente-se tentado a ceder-lhe; porém, se o homem for forte, se não lhe der importância demasiada, se seguir o seu próprio impulso e não o impulso do corpo, talvez fique surpreendido ao descobrir que o corpo lhe obedece e se submete docilmente às suas ordens Habituar-se-á em pouco tempo a preferir as coisas que o homem lhe dá, mostrando predileção pelos alimentos limpos e repugnância pela comida impura. A força do hábito tanto pode servir de auxílio, como de obstáculo; o corpo apressa-se a ceder quando compreende que o homem é o seu senhor e que está irrevogavelmente decidido a não permitir que um simples instrumento destinado ao seu serviço o desvie do objetivo que se propôs atingir. Na realidade, não é o corpo, mas sim o *Kâma,* a natureza do desejo, que é principalmente responsável por todos os desvarios. O çorpo adulto acostumou-se a exigir coisas especiais, mas se repararmos numa criança, veremos que o seu corpo não pede espontâneamente as coisas que causam um prazer tão grosseiro aos corpos adultos. A não ser que obedeça à influência nefasta duma hereditariedade perversa, o corpo da criança mostra em geral repugnância pela carne e pelo vinho; são as pessoas adultas que a obrigam a comer carne, são os pais que lhe oferecem um gole de vinho à sobremesa, dizendo-lhe que é para parecer um "homenzinho"; e assim conseguem que a criança, levada pelo seu instinto de imitação e em obediência às ordens dos pais, enverede por mau caminho e adquira esses hábitos tão perniciosos. Depois, é claro, formam-se gostos impuros, despertam os velhos desejos kâmicos, que podiam ter sido extirpados, e o corpo habituar-se-á gradualmente a exigir as coisas com que o alimentavam. Pois bem, a despeito de todos estes maus antecedentes, experimentai modificar o corpo, expurgai-o das partículas que só cobiçam impurezas, e vereis como o corpo começará a alterar os seus hábitos, acabando por se revoltar contra o próprio cheiro das coisas que antes tanto apreciava. A grande dificuldade na questão de reforma encontra-se no *Kâma* e não no corpo. Não vos quereis corrigir, porque se o quisésseis, não vos seria difícil consegui-lo. Dizeis a vós mesmos: "Afinal, talvez não tenha grande importância; não possuo qualidades psíquicas e ainda estou muito atrasado; o melhor é continuar como antes." Nunca poderemos progredir se não tentarmos atingir as alturas sublimes que se encontram ao nosso alcance, e se permitirmos que a natureza passional intervenha na nossa evolução.

Não vos cansais de dizer: "Como gostaria de possuir a visão astral e de viajar em corpo astral!" mas quando se trata de tomar uma resolução enérgica contra os maus hábitos, preferis um bom jantar. Se oferecessem um prêmio de um milhão de libras a quem renunciasse durante um ano a todo o alimento impuro, não haveria ninguém que não vencesse todas as dificuldades, conseguindo viver sem ingerir nem carne, nem vinho. Porém, quando se lhe oferecem unicamente os tesouros inestimáveis da vida superior, todas as dificuldades que se apresentam são absolutamente invencíveis. Se os homens na realidade desejassem o que só fingem desejar, quantas mudanças nos seria dado ver! Mas não; fingem apenas e fingem tão bem, que por fim se convencem da sinceridade das suas intenções e, durante milhares de anos, vêm viver vida após vida sobre a terra, sem obter o mínimo progresso. Um belo dia, numa das suas vidas, principiam finalmente a admirar-se de se verem sempre no mesmo lugar, ao passo que um outro só no curto período daquela vida avançou com uma rapidez extraordinária, deixando-os a eles muito para trás. O homem sincero, que é persistente e não perde de vista o seu objetivo, pode dirigir a sua evolução, ao passo que o homem que finge unicamente, está condenado a andar à nora durante uma infinidade de vidas futuras.

Seja como fôr, é nesta purificação do corpo que jaz, senão toda, pelo menos a parte essencial da preparação para a prática da ioga. E agora deixemos o corpo grosseiro, o veículo inferior da consciência, para nos ocuparmos do duplo etérico.

O DUPLO ETÉRICO. — A Física moderna pretende que todas as modificações que se produzem no corpo, quer seja nos músculos, nas células ou nos nervos, são acompanhadas por uma ação elétrica. Ora esta afirmação tem visos de verdade, mesmo quando diga respeito às alterações químicas que se dão continuamente. Têm-se obtido amplas provas disto graças a observações cuidadosamente feitas com galvanômetros delicadíssimos. De cada vez que se produz uma ação elétrica, é absolutamente certa a presença do éter. A existência de uma corrente constitui portanto uma prova da presença deste éter que penetra e envolve os corpos; nenhuma partícula de matéria física se acha em contato com outra partícula; todas elas estão suspensas num campo de éter. Os homens de Ciência do Ocidente aceitam apenas como hipótese necessária aquilo que o discípulo enfronhado na Ciência oriental constata ser um fato observado e fácil de verificar; porque, na realidade, o éter é tão visível como uma cadeira ou uma mesa, mas só para quem possua o condão de o ver. Como já dissemos, o éter existe em quatro estados, dos quais o mais sutil é formado pelos últimos átomos físicos — não se trata do chamado átomo químico que, na realidade, é um corpo complexo — mas sim do último átomo do plano físico cuja decomposição dará substância astral.

O duplo etérico compõe-se destas quatro espécies de éter que penetram todos os constituintes sólidos, líquidos e gasosos do corpo grosseiro, rodeando cada partícula com um invólucro etérico e apresentando assim um duplicado exato da forma mais grosseira. Este duplo etérico é perfeitamente visível à vista educada para esse fim. Tem uma cor roxo-acinzentada, e a sua textura é fina ou grosseira, conforme for a do corpo denso. As quatro espécies de éter fazem parte dele, do mesmo modo como os sólidos, os líquidos e os gases fazem parte do corpo denso; além disso formam combinações mais sutis ou mais espessas, absolutamente como acontece com os constituintes mais grosseiros. É importante observarmos que o corpo denso e o seu duplo etérico variam simultaneamente em qualidade. Portanto, quando o aspirante quer purificar o seu corpo denso, deliberada e conscientemente, o duplo etérico purifica-se também, sem que ele tenha a menor consciência disso e sem que para isso desenvolva o menor esfôrço. [1]

---

(1) Quando se examinam os corpos inferiores do homem por meio da visão astral, vêem-se o duplo etérico (Linga-Sharîra) e o corpo astral (corpo kâmico), penetrando-se reciprocamente, ao mesmo tempo que penetram no corpo denso. Daqui resultou em tempos certa confusão, que deu lugar a empregarem os nomes Linga Sharîra e corpo astral como sinônimos, servindo este último também para designar o corpo kâmico ou "corpo de desejo." Esta terminologia assaz indistinta tem causado muitas perplexidades, porque as funções do corpo kâmico, denominado corpo astral, foram muitas vezes atribuídas ao duplo etérico, que erradamente chamavam corpo astral. O estudante, é claro, sentia-se incapaz de se li-

É graças ao duplo etérico que a força vital, Prana, percorre os nervos do corpo, permitindo-lhes que transmitam força motriz e sensibilidade às impressões externas. Os poderes do pensamento, do movimento e da sensibilidade não residem na substância nervosa física ou etérica; constituem atividades do Ego, que operam nos seus corpos mais internos, e a sua expressão no plano físico torna-se possível graças ao "sopro de vida" que percorre os filamentos nervosos e envolve as células nervosas. Porque Prana, o "sopro de vida", é a energia ativa do Ego, segundo nos dizem os ensinamentos de Shri Sankarâchârya. As funções do duplo etérico consistem em servir de intermediário físico para a manifestação desta energia. É este o motivo por que muitas vezes o denominam na nossa literatura "veículo de Prana".

---

bertar sozinho desta emaranhada rede de aparentes contradições. Graças a observações cuidadosamente feitas sobre a formação destes dois corpos, é-nos permitido dizer definitivamente que o duplo etérico só se compõe de espécies físicas de éter, e quando se exterioriza, não pode abandonar o plano físico, nem afastar-se do seu duplicado grosseiro. Além disso, é construído segundo o modelo fornecido pelos Senhores do Carma; em vez de ser trazido pelo Ego, espera-o à nascença, já munido do corpo físico. Quanto ao corpo astral ou kâmico, o "corpo de desejo", compõe-se unicamente de matéria astral; quando se separa do corpo físico, pode percorrer livremente o plano astral e nesse plano constitui o veículo apropriado do Ego. O Ego faz-se acompanhar dele, quando volta a reencarnar-se. Devido a estas circunstâncias e a fim de evitar confusões, achamos preferível denominar o primeiro dos corpos: duplo etérico e o segundo: corpo astral.

Será bom notar que o duplo etérico mostra uma sensibilidade mui particular pelas substâncias voláteis que entram na composição das bebidas alcoólicas.

Fenômenos relativos ao corpo físico. — Quando uma pessoa "adormece", o Ego abandona sutilmente o corpo físico, deixando-o entregue ao sono reparador, que lhe faz recuperar as forças para o trabalho do dia seguinte. O corpo denso e o seu duplo etérico ficam pois à mercê das suas próprias tendências e das influências que infalivelmente atraem a si pela sua constituição e pelos seus hábitos. Formam-se correntes de formas-pensamentos dimanando do mundo astral, duma natureza congruente com as formas-pensamentos criadas ou abrigadas pelo Ego na vida diária; estas correntes atravessam os cérebros denso e etérico e, confundindo-se com as repetições automáticas das vibrações engendradas pelo Ego no estado de vigília, causam os sonhos entrecortados e caóticos que sobrevêm a quase toda a gente.

Estas imagens sem conexão são instrutivas, pois mostram o trabalho do corpo físico quando entregue a si próprio; este só consegue reproduzir fragmentos das vibrações passadas, absolutamente destituídas de ordem ou coerência; adapta-os uns aos outros, conforme vêm surgindo, sem se importar com o todo grotesco e absurdo que daí resulta; o cérebro físico contenta-se com uma fantasmagoria caleidoscópica de formas e cores, que nem ao menos possui a regularidade das lentes do caleidoscópio. Olhados desta forma, o cérebro denso e o etérico, vê-se à primeira vista não serem de modo nenhum os criadores do pensamento, mas sim os seus instrumentos, e para demonstrar basta ver o desconexo das suas criações, quando entregues a si próprios.

Durante o sono, o Ego pensador abandona estes dois corpos, ou antes, este corpo com as suas duas partes juntas, uma visível e outra invisível, deixando-as uma com a outra. Quando sobrevém a morte, também o abandona, desta vez definitivamente, mas agora arrastando consigo o duplo etérico que, ao separar-se do corpo, lhe rouba o sopro de vida e o inibe para sempre de funcionar como um "todo" orgânico. Em seguida o Ego liberta-se por sua vez do duplo etérico, pois, como já sabemos, este não pode passar para o plano astral, e deixa-o entregue ao processo de desintegração em companhia do sócio que fielmente o acompanhou toda a vida. Este duplo etérico aparece às vezes às pessoas conhecidas e amigas imediatamente após a morte, mas nunca a grande distância do cadáver. Além disso mostra-se, é claro, pouco consciente, não falando e contendando-se com a "manifestação" da sua presença. Por sua substância física, é relativamente fácil vê-lo; basta uma ligeira tensão do sistema nervoso para conceder à vista o grau de acuidade necessária para o distinguir. É ainda ao duplo etérico que se devem as aparições de espectros nos cemitérios, pois costuma pousar sobre o túmulo onde jaz o seu companheiro físico e torna-se mais visível do que os corpos astrais, pela razão já acima mencionada. Como se vê, mesmo na morte só um espaço insignificante separa estas duas partes do corpo físico.

No homem normal esta separação só se dá por ocasião da morte, mas certas pessoas anormais pertencentes à classe dos "médiuns" são sujeitas, mesmo em vida, a uma divisão parcial do corpo físico. Constitui isto um fenômeno perigoso, que produz uma grande fadiga e graves perturbações nervosas, mas que felizmente é bastante raro. Quando o duplo etérico se exterioriza, tem de se dividir a si mesmo em duas partes; não se pode separar completamente do corpo grosseiro sem causar a morte deste, visto que a sua presença é necessária para a circulação das correntes do "sopro da vida". Mesmo a separação parcial do duplo etérico é suficiente para mergulhar o corpo denso num estado letárgico, suspendendo quase por completo as atividades vitais; à reunião das partes separadas segue-se uma extraordinária prostração, e enquanto o estado normal se não restabelece em absoluto, o médium corre perigo de morte. Em geral, os fenômenos que se dão em presença dos médiuns não se relacionam com esta exteriorização do duplo etérico; contudo, há casos que se têm distinguido pelo caráter muito especial das materializações produzidas, e que mostram essa particularidade. Mr. Eglinton, segundo me disseram, apresentava em alto grau este curioso fenômeno de separação física; via-se o seu duplo etérico escoando-se pelo lado esquerdo, ao passo que o corpo denso se contraía visivelmente. Observou-se o mesmo fenômeno com Mr. Husk, cujo corpo denso diminuiu a tal ponto que nem enchia a roupa. Uma das vezes, o corpo de Mr. Eglinton ficou tão reduzido que uma forma materializada pegou nele e o aproximou das pessoas presentes, a fim de o examinarem. Constitui este um dos casos raros em que o médium e a forma materializada tenham sido ambos visíveis, com iluminação suficiente para poderem ser examinados. A redução do médium parece indicar o deslocamento duma parte da substância grosseira "ponderável" do corpo (provavelmente uma parte dos elementos líquidos). Contudo, ao meu conhecimento direto ainda não chegaram nenhumas observações feitas a este respeito, o que me impossibilita de fazer afirmações categóricas. O que é certo é que esta exteriorização parcial do duplo etérico tem como conseqüências graves perturbações nervosas a que nenhuma pessoa sensata se deve arriscar, caso tenha a infelicidade de ter propensão para isso.

Acabamos de estudar sucessivamente a parte densa e a parte etérica do corpo físico, desse vestuário que o Ego deve usar para realizar o seu trabalho no plano físico, dessa morada que tanto se pode prestar a ser o seu *atelier* para o trabalho físico, como o seu cárcere de que só a morte possui a chave. Já sabemos o que devemos possuir e o que podemos tentar obter gradualmente, isto é, um corpo perfeitamente forte e saudável, ao mesmo tempo aperfeiçoado, sensível e dotado duma organização delicada. Uma das primeiras condições é ser saudável; no Oriente não se pode ser admitido como discípulo, quando se não é saudável, pois tudo quanto é doentio no corpo torna-o impróprio a servir de instrumento ao Ego; além disso, perturba e deforma tanto as impressões recebidas de fora como as impulsões dimanadas de dentro. As atividades do Ego ficam entravadas quando o seu instrumento se acha fatigado ou forçado pela falta de saúde. Devemos portanto construir um corpo saudável, aperfeiçoado, sensível, com uma organização delicada, que repila automaticamente todas as influências malignas, que acolha espontaneamente tudo quanto for bom. Para construir, devemos escolher em volta de nós todas as coisas que sirvam para esse fim; trabalharemos com paciência e persistência, pois já sabemos que essa tarefa só pode ser levada a cabo gradualmente, sem pressas.

Quando os nossos esforços principiarem a lograr algum êxito, sentiremos nascer em nós toda a espécie de poderes de percepção que antes não possuíamos. Ver-nos-emos dotados duma extrema sensibilidade auditiva e visual; ser-nos-á dado ouvir harmonias mais belas, mais profundas, ver cambiantes mais suaves, mais delicados. O pintor educa a vista a fim de ver sutilezas de cor invisíveis ao olhar profano; o músico educa o ouvido a fim de distinguir tonalidades tenuíssimas que o ouvido vulgar é incapaz de atingir; do mesmo modo nós podemos educar os nossos corpos a fim de os tornar sensíveis a essas vibrações mais delicadas, que os homens vulgares desconhecem em absoluto. É claro que não faltarão as impressões desagradáveis, porque o mundo em que vivemos sofre a influência grosseira e bestializadora da humanidade que nele reside; mas por outro lado ser-nos-ão reveladas belezas que nos compensarão amplamente de todas as dificuldades que se nos apresentam e que devemos vencer. Esta labuta constante não deve obedecer ao propósito de possuirmos estes corpos para satisfazer a nossa vaidade ou o nosso prazer; devemos possuí-los, sim, para os empregar em serviços mais vastos, em dedicações mais poderosas. Transformá-los-emos em instrumentos mais efetivos para auxiliar o progresso da humanidade, e portanto mais adequados para cooperar na tarefa de ativar a evolução humana; tarefa que pertence aos nossos grandes Mestres e para a qual nós temos o insigne privilégio de contribuir.

Até agora, nesta primeira parte do nosso estudo, temo-nos ocupado unicamente do plano físico; devemo-nos porém convencer que este estudo também tem certa importância, pois o veículo mais humilde da nossa consciência necessita a nossa atenção e recompensar-nos-á pelo nosso cuidado. As nossas cidades, o nosso país, tornar-se-ão melhores, mais limpos, mais belos, quando este conhecimento se tiver generalizado, quando for aceito, não só como uma probabilidade intelectualmente admitida, mas como uma lei a aplicar-se à vida quotidiana.

O CORPO ASTRAL OU CORPO DE DESEJOS

Estudamos o corpo físico do homem, tanto nas suas partes visíveis, como nas invisíveis, e compreendemos que o homem — a entidade viva, consciente — quando se acha no estado de vigília, vivendo no mundo físico, só pode exprimir o seu conhecimento e manifestar o seu poder por intermédio do seu corpo físico. O grau de perfeição ou de imperfeição da sua expressão no plano físico depende do grau de perfeição ou de imperfeição do desenvolvimento do seu corpo. Enquanto o homem funcionar no mundo inferior, o corpo constituirá o seu limite, formando em volta dele um verdadeiro círculo de defesa. Tudo quanto não puder ultrapassar este círculo, não se poderá manifestar na terra. Calcule-se, pois, a importância que o corpo físico toma aos olhos do homem que se acha em plena evolução. Dá-se o mesmo caso quando o homem, destituído do corpo físico, funciona noutra região do universo, no plano astral ou mundo astral; nesse plano também só lhe é permitido exprimir tanto poder ou conhecimento quanto o seu corpo astral lhe consente. Este constitui, por assim dizer, um veículo e uma limitação. O homem é mais do que os seus corpos; possui muita coisa que é incapaz de manifestar tanto no plano físico, como no plano astral; mas o pouco que ele consegue exprimir pode considerar-se como o homem nessa região especial do universo. A manifestação do seu Eu neste mundo astral acha-se limitada pelo seu corpo astral. E quando passarmos ao estudo dos mundos superiores, veremos que quanto mais o homem se for desenvolvendo na sua evolução, mais poder terá o seu Eu de se exprimir, e mais perfeitos e elevados se irão tornando os veículos da consciência.

Antes de penetrarmos mais avante nestes terrenos relativamente desconhecidos à maioria das pessoas, bom será lembrarmos aos nossos leitores que de modo nenhum pretendemos mostrar uma ciência infalível ou um poder de observação inigualável. Os erros de observação ou de interpretação cometem-se com a mesma facilidade nos planos mais elevados, como no plano físico: nunca se deve perder de vista esta possibilidade. É claro, à medida que o conhecimento e a prática forem aumentando, ir-se-ão eliminando gradualmente estes erros. A autora é uma simples estudante e, como tal, suscetível de cometer erros que mais tarde terão de ser corrigidos; mas estes erros não dirão respeito senão aos detalhes; os princípios gerais e as conclusões principais, esses permanecerão intactos.

Antes de mais nada, é mister compreender claramente a significação das palavras "mundo astral" ou "plano astral". O mundo astral constitui uma região definida do universo, que rodeia e penetra o mundo físico, conservando-se contudo imperceptível aos nossos meios vulgares de observação, por ser composto duma substância de ordem diferente. Se pegarmos no último átomo físico e o desagregarmos, desaparecerá este sob o ponto de vista físico; porém descobrimos que se compõe de numerosas partículas da qualidade mais grosseira da substância astral, isto é, da matéria sólida do mundo astral. [1]

Já nos referimos aos sete estados inferiores da matéria física: os estados sólido, líquido, gasoso e quatro etéricos, reunidas nesta classificação as inúmeras combinações que formam o mundo físico. Do mesmo modo existem sete estados in-

---

(1) O termo "astral", estrelado, não é dos mais felizes, mas tem-se feito tão largo uso dele durante tantos séculos para indicar a matéria imediatamente superior à matéria física, que seria agora difícil desalojá-lo. Os primeiros observadores escolheram-no provavelmente devido à aparência luminosa da matéria astral, quando comparada com a física. Para melhor compreensão do assunto, aconselha-se a leitura do manual *O Plano Asiral*, de C. W. Leadbeater.

feriores de matéria astral, correspondentes aos sete estados da matéria física, que por sua vez abrangem as inúmeras combinações que de modo idêntico formam o mundo astral. Todos os átomos físicos têm invólucros astrais; a matéria astral forma assim o que nós chamaríamos a matriz da matéria física que nela se acha engastada.

A matéria astral serve de veículo a Jiva, a Vida Una que tudo anima; graças à matéria astral as correntes de Jiva envolvem, sustentam e alimentam todas as partículas de matéria física, e produzem, não só o que vulgarmente se chama forças vitais, mas também todas as energias elétricas, magnéticas e químicas, a atração, a coesão, a repulsão e outras forças análogas. Tudo isto constitui diferenciações múltiplas da Vida Una, em cujo seio os universos flutuam como os peixes no Oceano. Jiva passa do mundo astral, que penetra intimamente no mundo físico, para o éter deste último, transformando-o no veículo que transmite todas estas forças aos estados inferiores do plano físico, onde finalmente se manifesta a sua ação. Se graças a um esforço de imaginação suprimíssemos de repente o mundo físico, encontraríamos uma reprodução perfeita dele na substância astral, e se supuséssemos toda a humanidade dotada de faculdades ativas astrais, veríamos que, ao princípio, os homens e as mulheres não se aperceberiam da mudança sobrevinda em volta deles. As pessoas "mortas", quando despertam nas regiões inferiores do mundo astral, acham-se freqüentemente nesse estado, julgando que ainda vivem no mundo físico. Como entre nós é rara a pessoa que já tenha adquirido visão astral, é mister insistir na realidade relativa do mundo astral, que é, afinal, uma parte do universo fenomenal, e na necessidade de o ver com o olhar mental, à falta de visão astral. O mundo astral é tão real como o mundo físico; é mesmo mais real porque se acha menos afastado da Realidade Una. Os seus fenômenos são tão acessíveis ao observador competente, como os fenômenos do plano físico. No mundo físico um homem cego não pode ver os objetos físicos, e existem mesmo muitas coisas que só com a ajuda de aparelhos, microscópios, espectroscópios, conseguem ser observadas; no mundo astral acontece exatamente o mesmo. As pessoas astralmente cegas não vêem nada e há muita coisa que escapa à visão astral vulgar, ou seja à clarividência. Contudo muitas pessoas poderiam, no presente estado de evolução, desenvolver os sentidos astrais, e realmente há algumas que os desenvolvem até certo ponto, tornando-se assim suscetíveis de receber as vibrações mais sutis do plano astral. Essas pessoas podem evidentemente ser induzidas a erro, como as crianças quando principiam a fazer uso dos sentidos físicos, mas estes erros vão sendo eliminados à medida que adquirem uma experiência mais vasta; em pouco tempo conseguem ver e ouvir com a mesma nitidez no plano astral como no plano físico. É preferível não forçar este desenvolvimento por meios artificiais porque o mundo físico é mais que suficiente para quem não tenha adquirido um certo grau de energia espiritual; as visões, os sons e os fenômenos gerais do plano astral podem perturdar e mesmo alarmar os incautos. Mas lá virá finalmente um dia em que o homem atinge aquele estado mais avançado, e a sua consciência, gradualmente desperta, verá manifestar-se, em toda a sua realidade relativa à parte astral do mundo invisível.

Para obter este desiderato, não basta possuir um corpo astral, pois todos nós o possuímos; o que é importante é ter um corpo astral perfeitamente organizado e em estado de funcionar livremente, e uma consciência que se habitue a agir *dentro* desse corpo, pois não deve de modo nenhum agir só *através* dele sobre o corpo físico. Todos trabalham constantemente através do corpo astral; bem poucos trabalham nele, separando-se do corpo físico. Sem a ação geral por intermédio do corpo astral, não poderia existir uma ligação entre o mundo externo e a inteligência do homem, uma ligação entre as impressões recebidas pelos sentidos físicos e a percepção delas pela inteligência. A impressão transforma-se em sensação ao chegar ao corpo astral e só então é percebida pela inteligência. O corpo astral, onde se acham os centros da sensação, é muitas vezes denominado o homem astral, do mesmo modo como poderíamos designar o corpo físico por homem físico; porém, na realidade, é só um veículo, um estojo, como diriam os vedantinos, no qual o homem funciona e por intermédio do qual atinge o veículo mais grosseiro, ou seja o corpo físico, e é por ele atingido.

Quanto à sua constituição, o corpo astral compõe-se de sete estados inferiores de matéria astral e cada um destes estados se pode *decompor* em materiais mais grosseiros ou mais sutis. É fácil imaginarmos o homem num corpo astral bem formado; tiremos-lhes o corpo físico e vê-lo-emos surgir numa forma luminosa e sutil, costituindo uma cópia exata do primeiro corpo visível à visão clarividente, embora seja invisível ao olhar profano. Disse: "um corpo astral bem formado", porque o homem pouco evoluído apresenta, quando visto no seu corpo astral, um aspecto extremamente incoerente. Os contornos são indefinidos, os materiais de que é composto estão inertes e mal colocados e, se o separarem do corpo, constituirá somente uma nuvem ilusória e indefinida, absolutamente incapaz de agir como um veículo independente; na realidade, é mais propriamente um fragmento de matéria astral do que um corpo astral organizado; constitui uma massa de protoplasma astral, de aspecto amibóide. Um corpo astral bem conformado dá a entender que o homem alcançou um nível razoável de cultura intelectual ou de desenvolvimento espiritual, e portanto pelo aspecto do corpo astral depreende-se o progresso feito pelo seu dono. A nitidez dos seus contornos, a luminosidade dos seus materiais e a perfeição da sua organização permitem-nos avaliar o estado de evolução atingido pelo Ego que dele faz uso.

E agora ocupemo-nos da questão do aperfeiçoamento, que nos interessa a todos igualmente. Será bom lembrarmo-nos de que o aperfeiçoamento do corpo astral se baseia, por um lado, na purificação do corpo físico, e por outro, na purificação e no desenvolvimento do espírito. O corpo astral é especialmente sensível às impressões do pensamento, porque a matéria astral responde mais prontamente aos impulsos do mundo mental do que a matéria física. Quando consideramos o mundo astral, vemo-lo repleto de formas variáveis; distinguirmos as "formas de pensamento", isto é, formas compostas de essência elemental e animadas por um pensamento; notamos também quantidades consideráveis desta essência elemental, da qual emergem constantemente formas e imagens que nela tornam a desaparecer. Se observarmos cuidadosamente, veremos perpassar correntes de pensamento por esta matéria astral;

os pensamentos fortes arranjam invólucros de matéria astral e persistem durante muito tempo, como verdadeiras entidades, ao passo que os pensamentos fracos revestem apenas uma forma vaga que em breve se esvai novamente. O mundo astral acha-se portanto eternamente submetido a mudanças causadas pelos impulsos do pensamento, e o corpo astral do homem, composto dessa mesma matéria, também se apressa a responder à impressão dos pensamentos, vibrando em uníssono com todos os pensamentos que o **assaltam, quer** dimanem do exterior, das mentes dos outros homens, quer brotem do íntimo da sua própria mente. Estudemos a influência produzida no corpo astral por estas impressões externas e internas. Vemo-lo penetrando o corpo físico e envolvendo-o em todas as direções, semelhante a uma nuvem colorida. As cores variam segundo a natureza do homem, segundo a sua natureza inferior, animal, passional, e a parte que envolve exteriormente o corpo físico é designada sob o nome de aura kâmica, visto pertencer ao Kâma ou corpo de desejo, vulgarmente chamado o corpo astral do homem. [1]

---

(1) Está idéia de separar a "aura" do homem, como se fosse uma coisa diferente dele, pode induzir a erro, embora seja perfeitamente natural sob o ponto de vista da observação. A "aura" consiste, segundo a linguagem vulgar, numa nuvem que envolve o corpo; na verdade o homem vive em vários planos, envergando em cada um a veste adequada a esse plano. Todas as vestes penetram umas nas outras; a mais pequena, a mais humilde

Por ser o corpo astral o veículo da consciência kâmica do homem, constitui a sede de todas as paixões, de todos os desejos animais; é o centro dos sentidos, donde, como já dissemos, brotam todas as sensações. Ao contacto dos pensamento, vibra e muda constantemente de cor; se o homem se encoleriza, são dardejados raios vermelhos; se se sente apaixonado, as irradiações tingem-se de uma cor-de-rosa suave. Se os pensamentos do homem são nobres e elevados, necessitam de matéria astral sutil para lhes corresponder; a ação destes pensamentos sobre o corpo astral manifesta-se então pela eliminação das partículas grosseiras e espessas de cada subplano e pela aquisição de elementos mais delicados. O corpo astral dum homem cujos pensamentos são baixos e animais, é grosseiro, espesso, escuro, às vezes opaco a ponto de se distinguir dificilmente o contorno do corpo físico; ao passo que o corpo astral do homem evoluído é sutil, claro, luminoso e brilhante, constituindo um objeto de peregrina formosura. Neste caso, as paixões inferiores foram dominadas e a ação selecionadora da mente acabou por purificar a matéria astral. Portanto depreende-se daqui que os pensamentos nobres puri-

---

delas todas, chama-se "o corpo", e a substância mista das outras é denominada "aura" quando se estende para além desse corpo. Portanto, a aura kâmica é simplesmente a parte do corpo kâmico que se estende para além do corpo físico.

ficam o corpo astral, mesmo quando não se trabalha conscientemente para esse fim. Além disso, devemo-nos lembrar que este trabalho íntimo exerce uma influência poderosa sobre os pensamentos do exterior que o corpo astral atrai. Um corpo ao qual o possuidor permite responder habitualmente aos pensamentos malignos, atua como um ímã sobre todas as formas de pensamentos semelhantes que vagueiam no ambiente. O mesmo não sucede ao corpo astral puro que, pelo contrário, atua sobre esses pensamentos com uma energia repulsiva, e só atrai as formas de pensamentos de natureza idêntica à sua.

Como já acima dissemos, o corpo astral apóia-se em parte no corpo físico, ressentindo-se da pureza ou da impureza deste. Já vimos que os sólidos, os líquidos, os gases e as diversas espécies de éter de que o corpo físico se compõe, podem ser grosseiros ou requintados, densos ou sutis. Por sua vez, a natureza destas substâncias influencia a natureza dos seus invólucros astrais correspondentes. Se, devido à nossa indiferença pelo físico, edificarmos partículas sólidas e impuras no corpo grosseiro, é certo atrairmos os elementos impuros correspondentes ao "sólido" astral, como doravante lhe chamaremos. Se, pelo contrário, edificarmos no nosso corpo grosseiro partículas sólidas puras, atrairemos o que existe de mais puro no elemento sólido astral correspondente. Portanto a purificação do corpo físico que consiste na alimentação pura, excluindo tudo quanto possa corromper o organismo, como já o sangue dos animais, o álcool e outras coisas impuras e degradantes, não só serve para aperfeiçoar o nosso veículo físico da consciência como também nos ajuda a purificar o veículo astral e a extrair do mundo astral materiais mais sutis e mais delicados para sua construção. Os efeitos desta operação, além de serem muito importantes no que diz respeito à vida presente sobre a terra, também se repercutem, como veremos mais tarde, no novo estado que se segue à morte, quando vivermos no mundo astral, e no corpo que envergaremos na nossa próxima vida sobre a terra.

E não ficamos por aqui: certas qualidades de alimento atraem para o corpo astral certas entidades malignas pertencentes ao mundo astral, pois é preciso que se note que não só temos de nos haver com a matéria astral, mas também com o que chamamos elementais dessa região. São entidades de natureza diferente, mais ou menos vis, que existem nesse plano, engendradas pelos pensamentos dos homens; além disso, também há no mundo astral homens depravados, enclausurados nos seus corpos astrais e conhecidos sob o nome de elementares. Os elementares são atraídos para as pessoas cujos corpos astrais contenham matéria de natureza idêntica à sua, e os elementares procuram naturalmente aqueles que praticam os mesmos vícios a que eles se entregavam durante a vida terrestre. Toda e qualquer pessoa dotada de visão astral vê, ao passar pelas ruas de Londres, hordas de elementais repugnantes aglomerados em volta das lojas de carniceiros, ao passo que os elementares preferem freqüentar as cervejarias e os cafés, a fim de absorverem as emanações impuras dos licores, sempre à espreita de qualquer ocasião para se insinuarem nos corpos dos próprios consumidores. Estes seres são atraídos por todos quantos edificam os seus corpos com estes materiais; parte da sua vida astral passa-se neste ambiente. E assim sucede em cada estado do plano astral; à medida que purificamos o físico, vamos atraindo a matéria astral de pureza correspondente.

É evidente que as possibilidades do corpo astral dependem muito da natureza dos materiais que nele edificamos. Quanto mais purificamos os corpos, mais sutis se tornam, até que por fim cessam de responder aos impulsos baixos, e principiam a responder às influências mais elevadas do mundo astral. Fabricamos assim um instrumento que, embora pela sua natureza seja sensível às influências exteriores, perde gradualmente o poder de responder às vibrações inferiores e principia a responder às mais elevadas. Resumindo: é um instrumento cuja afinação só lhes permite vibrar com as notas mais altas. Do mesmo modo como conseguimos que uma corda produza uma vibração simpática, graças ao nosso cuidado em escolher o seu diâmetro, o seu comprimento e a sua tensão, assim também podemos afinar os nossos corpos astrais para que produzam vibrações simpáticas em uníssono com as nobres harmonias que por vezes ressoam no nosso ambiente. Não se trata duma simples questão de especulação ou teoria, mas sim dum fato científico. Pode-se afinar o corpo astral do mesmo modo como neste mundo se afina uma corda musical. A lei de causa e efeito é exatamente a mesma cá e lá; portanto apelemos para a lei, baseemo-nos na lei e poderemos contar com ela. O que necessitamos sobretudo é conhecimento e vontade de pôr em prática o conhecimento. Para principiar, podemos fazer experiências com este conhecimento, tratá-lo como uma simples hipótese, em concordância com fatos passados no mundo inferior cuja existência conhecemos; mais tarde, à medida que purificarmos o corpo astral, a hipótese ir-se-á transformando em conhecimento. Constituirá um assunto de observação direta, que nos permitirá verificar as teorias que previamente havíamos aceito como sendo só hipóteses provisórias.

Portanto, as nossas possibilidades de conhecer o mundo astral a fundo e de aí nos tornarmos realmente úteis, dependem, antes de mais nada, deste processo de purificação. Existem métodos definidos de ioga, que ajudam a desenvolver os sentidos astrais dum modo racional e saudável, porém não vale a pena tentar ensinar estes métodos a quem não tenha primeiro empregado estes simples meios preparatórios de purificação. Em geral, tôda a gente está ansiosa por experimentar qualquer novo método extraordinário de progredir, mas é trabalho perdido ensinar a ioga a pessoas que nem ao menos querem praticar estes estados preparatórios na sua vida quotidiana. Suponhamos que principiássemos a ensinar qualquer forma simples de ioga a uma pessoa qualquer, sem preparação alguma; o nosso discípulo mergulharia nesse estudo com entusiasmo, porque era uma coisa nova, fora do vulgar, e esperaria colher resultados rápidos; mas antes de passar um ano, sentir-se-ia cansado daquela tensão regular, introduzida na sua vida quotidiana, e desconsolado pela ausência dum efeito imediato. Pouco habituado a um esfôrço persistente, continuado inviariavelmente dia após dia, o estudante sucumbiria e renunciaria a tôda e qualquer prática. O engodo da novidade desapareceria para dar lugar à saciedade.

Quando uma pessoa não pode ou não quer cumprir o dever relativamente simples e fácil de purificar os seus corpos físico e astral, pelo sacrifício momentâneo de certos maus hábitos na comida e na bebida, não deve perder tempo a procurar processos mais difíceis que a atraem pela novidade, mas que em breve ela abandonaria como um fardo insuportável. Todo aquele que não tiver praticado durante algum tempo estes meios simples e humildes, não deve sequer pensar nos outros métodos especiais; só quando tiverem principiado a purificação, verão surgir novas possibilidades. O discípulo sentir-se-á gradualmente invadido pelo conhecimento, o seu olhar tornar-se-á mais penetrante, saberá distinguir as vibrações às quais responderá prontamente, o que lhe teria sido impossível fazer no tempo da sua cegueira e ignorância. Mais tarde ou mais cedo, segundo o carma do seu passado, ser-lhe-á dado fazer esta experiência; como uma criança que sente um grande prazer em ler, depois de ter vencido as dificuldades do alfabeto, assim também se apresentarão ao conhecimento do estudante possibilidades com que nunca sonhara nos dias da sua mocidade descuidada. Estender-se-ão ante ele novas perspectivas de conhecimento; um universo mais vasto resenrolar-se-á ante o seu olhar maravilhado.

Se agora estudarmos por momentos as funções do corpo astral durante o sono e no estado de vigília, poderemos apreciar dum modo fácil e rápido as suas funções como veículo da consciência separada do corpo. Se observarmos uma pessoa, primeiro adormecida, depois acordada, notaremos uma mudança muito pronunciada no corpo astral; quando está acordada, as atividades astrais (cores variáveis, etc.), manifestam-se dentro do corpo físico e na sua imediata proximidade; mas quanto está adormecida, produz-se uma separação, em resultado da qual vemos o corpo físico, isto é, o corpo grosseiro e o duplo etérico fazendo no leito, ao passo que o corpo astral se vê pairando na atmosfera por cima deles. Facilmente reconhecemos se a evolução da pessoa que estudamos é medíocre, pelo aspecto de seu corpo astral, que se apresenta como uma nuvem informe, como já dissemos algures. Neste caso, o corpo astral não se pode afastar do seu corpo físico; como veículo da consciência, é absolutamente inútil; o homem que encerra acha-se num estado muito vago de sonho, visto não estar habituado a agir independentemente do corpo físico; pode mesmo dizer-se que está quase adormecido, por lhe faltar o intermediário usual do seu trabalho, achando-se, portanto, impossibilitado de receber impressões definidas do mundo astral, e de se exprimir nitidamente através do seu corpo astral, tão mal organizado. As formas de pensamento que passam, podem influenciar os centros de sensação contidos nesse corpo astral, e é possível que ele responda aos estímulos que excitam a sua natureza inferior; contudo, para quem observa, o aspecto geral é tudo quanto há de mais sonolento e vago, porque o corpo astral não possui nenhuma atividade definida, e contenta-se em pairar indolentemente, sem consistência, sobre a forma física adormecida. Se sobreviesse qualquer coisa que ameaçasse afastá-lo do seu companheiro físico, este despertaria e o corpo astral apressar-se-ia a penetrar nele novamente. Porém, se observarmos uma pessoa muito mais desenvolvida, isto é, uma pessoa já habituada a funcionar no mundo astral e a servir-se do corpo astral para esse fim, veremos o corpo físico adormecer e o corpo astral surgir com o aspecto do próprio homem em plena consciência; os contornos desse corpo astral são perfeitamente nítidos e bem organizados, constituindo a reprodução exata do homem. E o homem pode servir-se dele como dum veículo — um veículo mil vezes mais conveniente que o corpo físico. O homem sente-se bem acordado e desenvolve muito mais atividade, trabalha com maior esmero, com maior poder de compreensão do que quando se achava enclausurado no veículo físico mais grosseiro; além disso, pode-se mover livremente e transportar-se a grandes distâncias com a maior rapidez, sem com isso perturbar o corpo adormecido sobre o leito.

Se essa pessoa ainda não tiver aprendido a estabelecer uma ligação entre seus veículos físico e astral, se se produzir uma descontinuidade na consciência quando, no momento de adormecer, o corpo astral o abandona, nesse caso o homem, quando volta ao seu veículo grosseiro, não consegue gravar no cérebro físico o conhecimento daquilo com que se ocupou durante a sua ausência, embora estivesse bem acordado e consciente no plano astral.

Nestas condições, a consciência no "estado de vigília" — segundo a expressão vulgarmente empregada para designar a forma mais limitada da nossa consciência — não partilhará ds experiências do homem no mundo astral, embora *ele* as conheça perfeitamente; o organismo físico porém é demasiado espesso para poder receber estas impressões. Por vezes, quando o corpo físico desperta, sente vagamente que se passou qualquer coisa de que não se pode lembrar nitidamente; contudo, basta esta sensação para mostrar que a consciência funcionou no mundo astral independentemente do corpo físico, embora o cérebro não se ache em estado de coligir as mais pequenas recordações do ocorrido. Noutras ocasiões, quando o corpo astral regressa ao corpo físico, o homem consegue impressionar momentaneamente o duplo etérico e o corpo grosseiro, de modo que ao despertarem, estes têm uma recordação nítida duma experiência adquirida no mundo astral; mas esta recordação desvanece-se rapidamente e debalde nos esforçamos por retê-la; cada esforço que para isso empregamos só serve para afastar ainda mais a recordação, porque dá origem a fortes vibrações no cérebro físico que sobrepujam as vibrações sutis do cérebro astral. Há também casos em que o homem consegue gravar um novo conhecimento no cérebro físico, sem se recordar onde nem como adquiriu esse conhecimento; quando isto sucede, as idéias surgem na consciência no estado de vigília, como se fossem engendradas espontaneamente; a solução dum problema até ali ignorado apresentar-se-á subitamente ao cérebro, assuntos em que reinava a mais absoluta confusão se tornam compreensíveis; isto constitui um sintoma de progresso, pois mostra que o corpo astral se acha bem organizado, desenvolvendo uma grande atividade no mundo astral, embora o corpo físico evidencie uma receptividade ainda muito parcial. Finalmente há ocasiões em que o homem consegue fazer vibrar o cérebro físico em uníssono com o astral, e daí resulta o que nós consideramos um sonho muito nítido, conexo e coerente, um sonho que é por vezes dado gozar á maior parte das pessoas que pensam. Nesse sonho o homem sente-se mais vivo do que no "estado de vigília" e pode mesmo adquirir reconhecimento que o ajudará na sua vida física. Tudo isto constitui estados de progressos que indicam a evolução e a organização cada vez mais perfeita do corpo astral.

Mas, por outro lado, é mister compreendermos que as pessoas que obtêm progressos rápidos e verdadeiros na espiritualidade podem ter uma ação ativa e útil no mundo astral sem contudo gravarem no cérebro, quando regressam, a mínima recordação do trabalho que as ocupou. Contudo a sua consciência inferior vai-se sentindo gradualmente iluminada e invadida pelo conhecimento da verdade espiritual. Há uma coisa que pode servir de estímulo a todos os estudantes e na qual podem depositar toda a confiança, embora a sua memória física não registre nenhuma experiência supra-física: à medida que aprendemos a trabalhar cada vez mais em prol dos outros; à medida que tentamos ser cada vez mais úteis para o mundo; à medida que a nossa devoção pelos Irmãos Mais Velhos da humanidade se torne mais forte e mais firme e que procuremos sinceramente realizar com perfeição a pequena parte que nos cabe na Sua grande obra, desenvolveremos inevitavelmente esse corpo astral e esse poder de funcionar nele que nos torna uns servos mais úteis. Quer conservemos ou não a memória física, é certo que abandonamos as nossas prisões físicas quando o corpo físico se acha profundamente adormecido e que desenvolvemos a nossa atividade no mundo astral dispensando auxílio e consolação a pessoas que de outra maneira nos seria impossível alcançar. Esta evolução continua ininterruptamente nos homens cujos pensamentos são puros e elevados e cujo único desejo é servir. Pode-se dar o caso de trabalharem durante anos e anos no mundo astral sem gravar a recordação desse trabalho na sua consciência inferior; podem exercer para bem do Universo poderes que ultrapassam tudo quanto eles se julgam capazes de fazer. Um belo dia, porém, quando o Carma o permitir, esses homens obterão a consciência absoluta, ininterrupta que circula livremente entre o mundo físico e o mundo astral; chegará finalmente a ocasião de construir a ponte que permite à memória passar sem esforço dum mundo para o outro, de modo que o homem, ao regressar da sua labuta no mundo astral, poderá envergar a sua veste física, sem por um momento sequer perder a consciência. Tal é a certeza permitida a todos os que escolhem uma vida de serviços altruístas. Ser-lhes-á dado adquirir um dia esta consciência ininterrupta, e daí em diante a vida para eles já não constará de dias de trabalho cuja recordação permanece intacta, intercalados de noites de esquecimento absoluto. Pelo contrário, a vida formará um todo contínuo em que o homem faz uso do corpo astral para o seu trabalho no mundo astral, enquanto o corpo físico jaz imóvel, gozando do repouso que lhe é necessário. Além disso, conservará inteira a cadeia dos pensamentos; sentir-se-á plenamente consciente ao abandonar o corpo físico, mesmo no próprio momento em que dele *emerge;* continuará consciente da vida vivida fora do corpo físico, e saberá quando a ele regressa para de novo o envergar. E assim, enquanto as semanas e os anos vão passando, o homem conservará a consciência infatigável da existência do Ego individual, que lhe mostra o físico como sendo somente uma veste que pode despir e vestir a seu bel-prazer, e não um instrumento necessário ao seu pensamento e à sua vida. Saberá que o corpo físico, longe de ser necessário, torna pela sua ausência a vida muito mais ativa e o pensamento muito mais livre.

Chegado a este estado, o homem principia a compreender muito melhor o mundo e a sua própria vida no mundo; já percebe o que o espera, já atinge melhor as possibilidades da humanidade superior, vai vendo gradualmente que depois de ter adquirido a consciência física, e a consciência astral, outros estados de consciência ainda mais elevados se lhe oferecem; estados que pode conquistar um após outro, e que lhe permitirão tornar-se ativo em planos cada vez mais sublimes, percorrer mundos mais vastos, exercer poderes mais amplos, na qualidade de servo dos Santos Seres, a fim de auxiliar e beneficiar a humanidade. Nessa altura, o homem começa a avaliar a vida física pelo seu justo valor; não se deixa perturbar pelo que acontece no mundo físico, como lhe sucedia antes de conhecer a outra vida mais completa, mais rica; mesmo a própria morte o deixa indiferente, quer se trate dele próprio ou daqueles que pretende auxiliar. A vida terrestre retoma aos seus olhos o seu verdadeiro lugar, como sendo a parte mais insignificante da atividade humana; para ele não tornará a ser tão sombria como antes, porque a luz das regiões superiores vem iluminar os seus sítios mais recônditos.

Abandonemos agora o estudo das funções e possibilidades do corpo astral para considerar certos fenômenos com ele relacionados. O corpo astral, separado do corpo físico, pode-se mostrar a outras pessoas, durante a vida terrestre ou depois. A pessoa que exerce um domínio absoluto sobre o corpo astral pode, é claro, abandonar o corpo físico quando lhe apetecer, para ir visitar um amigo. Se este amigo for clarividente, isto é, se possuir visão astral, ser-lhe-á possível ver o corpo astral que o visita; se não for clarividente, o visitante pode densificar ligeiramente o seu veículo, incorporando partículas de matéria física existente na atmosfera que o envolve; consegue assim "materializar-se" o suficiente para se tornar visível à vista física. É deste modo que se explicam as aparições de amigos a distância, fenômeno este que é mais vulgar do que muita gente supõe, porque muitas pessoas tímidas não contam as experiências que lhes sucedem, com receio de serem ridicularizadas e apontadas de supersticiosas. Felizmente esse receio vai diminuindo, e se todos tivessem o bom senso e a coragem de dizer aquilo que sabem ser verdadeiro, em breve teríamos uma quantidade de testemunhos acerca de aparições de pessoas, cujos corpos físicos se acham muito afastados dos lugares onde os seus corpos astrais se mostram. Dado um certo número de circunstâncias, estes corpos podem ser vistos, sem necessitar de materialização, por pessoas que normalmente não exercem a visão astral. Se uma pessoa tem o seu sistema nervoso num estado de hipertensão extrema, se o seu corpo físico não gozar de saúde, se a corrente de vitalidade se achar diminuída, nesse caso a atividade nervosa que tanto depende do duplo etérico pode ser estimulada e tornar o homem momentaneamente clarividente. Uma mãe sabe, por exemplo, que o filho se acha doente, em perigo de vida, numa terra estranha; a inquietação que a tortura pode torná-la sensível às vibrações astrais, especialmente durante a noite quando o grau de vitalidade é menor; nestas condições, é possível que veja o filho, se este pensar nela e se o seu corpo se achar no estado de inconsciência que lhe permita visitá-la astralmente. Estas visitas ainda se tornam mais freqüentes logo após a morte da pessoa, quando acaba de se libertar do corpo físico e sobretudo quando o moribundo sente um forte desejo de ver um ente muito querido, ou no caso de não ter podido comunicar alguma coisa muito importante antes de ser surpreendido pela morte. Se continuarmos a observar o corpo astral após a morte, veremos introduzir-se uma modificação no seu aspecto, depois de se ter desembaraçado no duplo etérico e do corpo grosseiro. Enquanto o corpo astral se acha unido ao corpo físico, os estados inferiores da matéria astral, mais grosseiros e mais sutis, estão todos misturados entre si. Mas após a morte tudo é submetido a uma remodelação; as partículas dos diferentes estados inferiores separam-se umas das outras e colocam-se segundo a ordem das suas respectivas densidades, de modo que o corpo astral toma o aspecto de uma estratificação, ou antes, de uma série de invólucros concêntricos, dos quais o mais denso fica situado exteriormente. Isto mostra-nos novamente a importância da purificação do corpo astral durante a nossa vida terrestre, pois vemos que depois da morte não pode percorrer livremente o mundo astral. Esse mundo contém sete subplanos e o homem acha-se encerrado no plano que corresponde à sua casca exterior. Quando este invólucro exterior se desagrega, o homem eleva-se até ao subplano imediato e assim vai seguindo de um para outro. Um homem com tendências animais e vis contém forçosamente no seu corpo astral uma grande porção de matéria astral da qualidade mais grosseira e espessa. Isto obriga-o a permanecer na região mais baixa do *Kâmaloka;* enquanto esta casca se não desagrega suficientemente, o homem tem de se submeter ao cativeiro nessa seção do mundo astral, sofrendo todas as atribulações que aí abundam. Quando esta casca exterior se desagregou o bastante para permitir a evasão do homem, este apressa-se a passar para o nível seguinte do mundo astral, ou antes, talvez seja mais exato dizer que se torna suscetível de entrar em contato com as vibrações do subplano seguinte da matéria astral, o que a ele lhe dá a impressão de ter passado para uma região diferente. Depois se conserva aí até que a casca do sexto subplano se desagrega por sua vez, permitindo a passagem para o quinto subplano. A estada em cada suplano corresponde à força das partículas da sua natureza representada no corpo astral pela quantidade de matéria pertencente a este subplano. Portanto, quanto maior for a quantidade de elementos grosseiros, mais se prolongará a estada nos níveis inferiores do *Kâmaloka*. E do mesmo modo, quanto mais nos libertarmos desses elementos, mais rápida será a nossa estada nessas reregiões para além da morte. Mesmo não conseguindo eliminar completamente os materiais mais grosseiros (pois a sua extirpação radical é difícil e leva tempo), é possível, durante a vida terrestre, afastar a consciência das paixões vis com tanta persistência que a matéria que serve para lhes dar expressão não poderá funcionar ativamente como um veículo da consciência; empregando uma analogia física, diremos que fica atrofiada! Neste caso, embora o homem se veja retido por um curto espaço de tempo nos níveis inferiores, passa-lo-á a dormir sossegadamente, sem sentir as coisas desagradáveis interentes a esses planos. A sua consciência tendo deixado de buscar uma expressão em qualquer dessas espécies de matéria, não se exteriorizará para entrar em contacto com os objetos do mundo astral que dela se compõem.

Quem tenha purificado o corpo astral de modo a conservar apenas os elementos mais sutis e mais puros de cada subplano (elementos que passariam para o subplano imediatamente superior se progredissem mais um ponto), passará rápidamente pelo *Kâmaloka*. Entre dois estados consecutivos de matéria existe o que se convencionou chamar um ponto crítico; por exemplo, o gelo pode ser levado a um ponto tal em que o mínimo aumento de calor e transformará em líquido; a água pode ser elevada a um ponto em que um pequeno aumento de calor a transformará em vapor. E do mesmo modo, a **matéria** astral pode ser elevada em cada um dos seus estados a um tal grau de subtileza que toda a purificação adicional a transformará no estado seguinte. Se isto tiver sucedido em todos os estados inferiores da matéria no mundo astral, se ela tiver sido purificada até atingir o último grau de delicadeza, então o homem atravessará o *Kâmaloka* com uma rapidez inconcebível, alando-se, livre de algemas, às mais puras regiões.

Ainda resta ocuparmo-nos de mais um assunto relativamente à purificação do corpo astral, por meio de processos físicos e mentais, isto é: a influência dessa purificação sobre o novo corpo astral, que se formará no tempo devido para servir de instrumento ao homem na sua próxima encarnação. Quando o homem deixa o *Kâmaloka* a fim de entrar no *Devachan,* não pode fazer-se acompanhar de formas-pensamentos malignas. No plano devacânico não pode existir matéria astral e a matéria devacânica não pode responder às vibrações grosseiras das paixões e dos desejos vis... Portanto, quando o homem se liberta finalmente dos restos do corpo astral, só pode conservar uns gérmens latentes ou sejam tendências que, se forem alimentadas, se manifestam no mundo astral sob a forma de paixões e desejos malignos. Estes acompanham-no e subsistem em estado latente toda a sua vida devacânica. Quando o homem regressa pronto para nascer novamente, traz ainda estas tendências que agora arremessa para fora; estas atraem do mundo astral, graças a uma espécie de afinidade magnética, os materiais apropriados à sua manifestação, e revestem matéria astral idêntica à sua própria natureza, formando assim parte integrante do corpo astral do homem para a encarnação que se está preparando. Assim, não só vivemos agora num corpo astral, como estamos fabricando o tipo do futuro corpo astral que teremos na nossa próxima vida, o que constitui mais uma razão para purificarmos o mais possível o corpo astral atual, utilizando o conhecimento que já possuímos, a fim de assegurar o nosso progresso futuro.

Todas as nossas vidas se acham encadeadas umas às outras, e portanto, nenhuma se pode separar nem das que a precedem, nem das que se lhe seguem. Na realidade, só temos uma vida na qual o que nós chamamos vidas não são senão dias. Uma vida nova nunca se assemelha a uma folha em branco onde vamos inscrever uma história absolutamente nova; não faremos mais, em cada vida, do que inscrever um novo capítulo que vai continuar a desenvolver o velho enredo. É-nos igualmente impossível libertarmo-nos das responsabilidades cármicas duma vida precedente, como de nos desembaraçarmos dormindo das dívidas contraídas durante o dia; se contrairmos uma dívida hoje, não nos veremos livres dela amanhã; a exigência da dívida será apresentada inexoravelmente até que a paguemos. A vida do homem é uma coisa contínua, ininterrupta; as vidas terrestres acham-se encadeadas umas às outras e não isoladas. Os processos de purificação e desenvolvimento também são contínuos e devem prosseguir durante sucessivas vidas terrestres. Lá virá um dia em que todos teremos de principiar o trabalho; lá virá um dia em que todos nos saciaremos das sensações da natureza inferior, em que nos saciaremos do jugo animal e da tirania dos sentidos. Quando tiver atingido essa fase da sua existência, o homem revoltar-se-á contra a sujeição, e, num rasgo de energia, decidir-se-á a arrancar os grilhões do seu cativeiro. "E, na verdade, por que razão devemos prolongar a nossa escravidão, quando só depende de nós o libertar-nos? Nenhuma mão, a não ser a nossa, nos pode prender, e nenhuma mão, a não ser a nossa, nos pode pôr em liberdade. Temos o nosso livre-arbítrio, e já que um dia nos devemos reunir todos num mundo mais elevado, por que motivo não principiarmos já a arrancar os grilhões da escravidão; por que não reclamarmos a nossa origem, que é uma origem divina? O homem começa a desprender-se dos laços que o entravam, principia a entrever a sua liberdade, quando se resolve a pôr a natureza inferior a serviço da natureza superior; quando se decide a edificar corpos mais sutis no plano da consciência física; quando, numa palavra, procura atingir essas possibilidades sublimes que lhe pertencem por direito divino e que apenas são obscurecidas pelo animal dentro do qual ele vive.

OS CORPOS MENTAIS

Já estudamos suficientemente o corpo físico e o corpo astral do homem. Estudamos a parte visível e a parte invisível do corpo físico, nas suas funções sobre o plano físico; seguimo-lo nos seus diferentes modos de atividade, analisamos a natureza do seu desenvolvimento e insistimos sobre a sua purificação gradual. Depois, consideramos o corpo astral de modo idêntico, observamos igualmente o seu desenvolvimento e as suas funções e os fenômenos relacionados com a sua manifestação no plano astral, ocupando-nos por fim da sua purificação. Assim obtivemos uma compreensão mais ou menos nítida acerca das funções da atividade humana sobre dois dos grandes planos do nosso universo. Visto termos terminado esta parte do nosso estudo, passemos agora ao terceiro dos grandes planos, o mundo mental. Quando tivermos obtido algum conhecimento acerca deste plano, oferecer-se-nos-á à nossa observação uma tríplice região, constando dos mundos físico, astral e mental — o nosso globo e duas esferas que o circundam — uma região que constitui o teatro da atividade humana durante as suas encarnações terrestres e onde o homem também reside durante os períodos que se interpõem entre a morte que encerra uma vida terrestre e o nascimento que dá início a outra vida. Estas três esferas concêntricas formam a escola e o reino do homem; é aí que ele procede ao seu desenvolvimento; é aí que realiza a peregrinação do seu progresso; enquanto as portas da iniciação se não abrirem de par em par para lhe darem passagem, não poderá sair desses três mundos, pois para ele não há outro caminho.

O *Devachân* ou *Devaloka*, segundo o nome que lhe dão os teósofos, a terra dos deuses, a região feliz e bendita, como muitos lhe chamam nas tradições, acha-se incluída nesta terceira região que denominei mundo mental, não se identificando contudo com ela. O *Devachân* é cognominado de região feliz, devido à sua própria natureza e condição que de modo nenhum se coadunam com a tristeza ou com a dor. Constitui um *Estado* especialmente protegido, onde não é permitida a entrada ao mal positivo; é um lugar de repouso e de bem-aventurança onde o homem assimila serenamente os frutos da sua vida física.

É mister acrescentarmos umas palavras de explicação acerca do mundo mental, a fim de se evitarem confusões. Este mundo se acha igualmente subdividido em sete subplanos, mas além disso oferece a particularidade de estas sete subdivisões se separarem em dois grupos distintos: um ternário e um quartenário. Os três subplanos "superiores" são denominados em linguagem técnica "arûpa", ou seja, sem corpo, devido à sua extrema sutileza, ao passo que os quatro inferiores se chamam "rûpa", ou seja, com corpo. O homem possui portanto dois veículos de consciência, nos quais é aplicável o termo "corpo mental". Aplicá-lo-emos, porém, exclusivamente ao veículo inferior, porque o superior é conhecido sob o nome de *corpo causal;* mais adiante veremos as razões que determinaram esta designação. Os estudantes de teosofia devem familiarizar-se com a distinção entre o Manas Superior e o Inferior; o corpo causal pertence ao Manas Superior, ou seja, o corpo permanente do Ego, ou do homem, que persiste duma vida para a outra. O corpo mental é o do Manas Inferior, que continua a existir depois da morte e passa para o *Devachân,* acabando, porém, por se desagregar quando a vida na zona *"rûpa"* do *Devachân* chega ao seu termo.

a) O Corpo Mental. — Este veículo da conciência humana compõe-se dos quatro subplanos inferiores do *Devachân,* aos quais pertence. Constitui o veículo especial da conciência nessa região do plano mental, mas a par disso também trabalha no corpo astral e através dele no físico, produzindo tudo o que chamamos manifestações da inteligência no estado normal de vigília. Quando se trata de um homem pouco evoluído, este corpo não pode, durante a vida terrestre, funcionar separadamente como um veículo da consciência no seu próprio plano, e quando este homem exerce as suas faculdades mentais, é necessário que estas se revistam de matéria astral e física, para que ele adquira a consciência da sua atividade. O corpo mental é o veículo do Ego, do Pensador para todo o seu trabalho de raciocínio; mas durante os primeiros tempos do Ego, a organização desse corpo ainda é bastante imperfeita, o seu aspecto é fraco e indistinto como o corpo astral de um homem pouco evoluído.

A matéria de que se compõe o corpo mental é extremamente tênue e sutil. Já vimos que a matéria astral é muito menos densa do que mesmo o próprio éter do plano físico. Agora é mister dilatarmos ainda mais a nossa idéia acerca da matéria, a fim de concebermos a existência de uma substância invisível tanto à visão astral como à física, demasiado sutil para ser distinguida mesmo pelos "sentidos internos" do homem. Esta matéria pertence ao quinto plano do universo, contando de cima para baixo, ou ao terceiro plano, contando de baixo para cima. Nesta matéria o Ego manifesta-se como inteligência, e no que se lhe segue mais abaixo (o astral), manifesta-se como sensação. O corpo mental apresenta uma particularidade ao mostrar a sua parte exterior na aura humana; à medida que o homem, na série das suas encarnações, se vai desenvolvendo progressivamente, o corpo mental cresce, aumenta em volume e em atividade. Constitui isto uma particularidade que até aqui se nos não tinha deparado.

Em cada encarnação é fabricado um corpo físico, que varia segundo a nacionalidade e o sexo; quanto às suas proporções, calculamos que tenham sido sempre mais ou menos idênticas desde o tempo dos Atlantes até aos nossos dias. O corpo astral, como observamos, desenvolve-se na sua organização, à medida que o homem progride. Mas o corpo mental, esse aumenta literalmente em volume com a evolução progressiva do homem. Se observarmos uma pessoa muito pouco evoluída, notaremos que o seu corpo mental dificilmente se distingue; acha-se tão fracamente desenvolvido que só à custa dum esforço se consegue vê-lo. Se olharmos em seguida para um homem mais adiantado, que embora ainda não seja espiritual já tenha desenvolvido as faculdades mentais e educado a inteligência, veremos que o corpo mental desse homem se esforça por adquirir um desenvolvimento muito definitivo, e graças à sua organização, reconheceremos que se trata dum veículo da atividade humana. Constitui um objeto de contornos claros e nítidos, formado de material delicadíssimo, dotado de cores admiráveis, vibrando incessantemente com uma enorme atividade, cheio de vida e de vigor, sendo a verdadeira expressão da inteligência no mundo da inteligência.

A sua natureza, portanto, é uma essência sutil; as suas funções consistem em ser veículo imediato onde o Ego se manifesta como inteligência; quanto ao seu desenvolvimento, o corpo mental progride vida após vida, proporcionalmente ao desenvolvimento intelectual; e a sua organização também se vai tornando mais perfeita e definida, à medida que as qualidades e os atributos da inteligência se tornam mais conspícuos e distintos. Não constitui, como o corpo astral, uma cópia exata do homem, quando trabalha de acordo com os corpos astral e físico. Pelo contrário, tem uma forma oval e penetra, é claro, nos corpos físico e astral, envolvendo-os na sua atmosfera resplandecente, que tende sempre a aumentar com o progressivo desenvolvimento intelectual. É escusado dizer que esta forma ovóide vai-se tornando um objeto admirável de beleza, à medida que o homem desenvolve as faculdades superiores da inteligência; a visão astral não o atinge, só se dá a conhecer à visão mais elevada que pertence ao mundo mental. Um homem vulgar que vive no mundo físico não vê nada do mundo astral, embora nele se ache imerso, até o dia em que despertam os seus sentidos astrais. Do mesmo modo, o homem que só tem os sentidos físicos e astrais em atividade não pode discernir o mundo mental, nem as formas compostas dessa matéria, a não ser que esses sentidos despertem nele; e contudo o mundo mental o envolve de todos os lados.

Estes sentidos mais penetrantes, que pertencem ao mundo mental, diferenciam-se muito daqueles com que aqui nos familiarizamos. A palavra "sentidos" não é bem aplicada, pois devíamos dizer "sentido" isto é, no singular. Dir-se-ia que o espírito se põe em contato com as coisas do seu mundo, como se estivesse à sua superfície. Não existem órgãos especiais da vista, do ouvido, do tato, do gosto e do olfato; as vibrações que aqui devíamos receber por meio de órgãos distintos dos sentidos, produzem imediatamente tôdas as suas diferentes impressões, assim que entram em contato com o ospírito. O corpo mental recebe-as todas ao mesmo tempo e tem, por assim dizer, a recepção completa de tudo que consegue impressioná-lo.

Não é fácil exprimir claramente por palavras a maneira como este sentido recebe um agregado de impressões sem confusão. Para tornar isto mais compreensível, talvez seja melhor dizer que, se um estudante treinado entra nessa região e aí se comunica com outro estudante, o mental fala simultaneamente por meio de cores, sons e formas, de modo que um pensamento completo é transmitido sob a forma duma imagem colorida e musical, em vez de se transmitir só um fragmento por meio de símbolos que denominamos palavras, como aqui fazemos. Certos leitores talvez tenham ouvido falar de livros antigos escritos pelos grandes Iniciados em linguagem colorida, a linguagem dos deuses. Muitos chelas conhecem esta linguagem, cujas formas e cores são extraídas da "linguagem" do mundo mental; as vibrações dum único pensamento produzem forma, cor e som. É mister compreender que a inteligência não pensa uma cor, um som ou uma forma, mas, sim, pensa um pensamento, uma vibração complexa em matéria sutil, e esse pensamento é expresso de todas estas maneiras pelas vibrações produzidas. A matéria do mundo mental emite constantemente vibrações, que dão origem a estas cores, a estes sons, a estas formas; quando um homem funciona no mundo mental independentemente do mundo astral, e do físico, liberta-se das limitações dos seus órgãos dos sentidos, e sente simultaneamente, em todos os pontos do seu ser, as vibrações que no mundo inferior se lhe apresentariam distinta e separadamente.

Mas quando um homem pensa no estado de vigília, e trabalha por intermédio dos seus corpos físico e astral, esse pensamento então dimana do corpo mental, e passa depois para o corpo astral e por último para o físico; é sempre no mental que os pensamentos têm a sua origem, isto é, o corpo mental constitui o agente do pensamento, a consciência que se arroga o título de "eu". Este "eu" ilusório, porém, é o único "eu" que a maioria das pessoas conhece. Quando nos ocupamos da consciência do corpo físico, vimos que o homem propriamente dito não tinha a consciência de tudo quanto se passava no corpo físico; as suas funções não dependiam todas dele; era-lhe impossível pensar como as células minúsculas pensavam; na realidade não partilhava da consciência do corpo, considerado como um todo. Mas quando se trata do corpo mental, temos ante os olhos uma região que se identifica tão estreitamente com o homem que até parece ser ele mesmo. "Eu penso", "eu sei", será possível ultrapassar isto? O mental é o Ego no corpo mental e é isso que para muitos constitui o objetivo da busca do Eu. Porém isto só é verdadeiro se nos limitamos ao "estado de vigília". Quem souber que a sua consciência, no "estado de vigília", assim como as sensações do corpo astral, só constituem uma etapa da nossa jornada à busca do Eu; quem tenha aprendido a ir além do corpo astral, compreenderá que esta inteligência por sua vez constitui simplesmente um instrumento do homem verdadeiro. Contudo, como já dissemos, a maioria dos homens não separa, não pode separar em pensamento o homem do seu corpo mental que se lhes afigura ser a sua mais alta expressão, o seu veículo mais perfeito, o "eu" mais elevado que lhes é dado atingir ou conceber. Ora, isto é perfeitamente natural e inevitável, visto o indivíduo, o homem, principiar nesta altura da sua evolução a vivificar este corpo e a torná-lo eminentemente ativo. Em tempos remotos vivificou o corpo físico fazendo dele um veículo de consciência e presentemente faz uso dele com a máxima naturalidade. Vivifica atualmente o corpo astral dos membros atrasados da raça, mas numa grande maioria de casos este trabalho já se acha realizado, pelo menos em parte. Na nossa Quinta Raça, o homem ocupa-se do corpo mental, e a humanidade agora devia dedicar-se especialmente à construção e à evolução deste corpo.

Temos portanto o máximo interesse em compreender a maneira como o corpo mental é construído e como se desenvolve. Desenvolve-se graças ao pensamento. Os nossos pensamentos são os materiais de que nos servimos para construir este corpo mental. Na realidade construímos o mental quotidianamente, durante cada mês, cada ano da nossa vida, pelo exercício das nossas faculdades mentais, pelo desenvolvimento do nosso poder artístico e das nossas emoções elevadas. Se não exercerdes as vossas faculdades mentais; se, no que diz respeito aos vossos pensamentos, vos contentais unicamente em ser o receptáculo e nunca o criador deles; se aceitais constantemente o que de fora vos dão, sem nunca tentardes formar qualquer coisa no vosso íntimo; se durante a vida só souberdes recolher os pensamentos dos outros; se o vosso conhecimento acerca dos pensamentos se limitar a isso, nesse caso passar-se-ão vidas e vidas sem que o vosso corpo mental se desenvolva; partireis e tornareis a voltar, vida após vida, sem que nenhuma modificação se produza no vosso corpo mental; sereis invariavelmente um indivíduo rudimentar, não evoluído. Pois só exercendo a própria inteligência, utilizando as suas faculdades dum modo produtivo, exercendo-as, trabalhando com elas, exigindo delas um esforço contínuo, só assim é que o corpo mental se desenvolve, só assim é que a evolução verdadeiramente humana pode seguir o seu caminho.

Logo que principiardes a compreender isto, tratareis provavelmente de modificar a atitude geral da vossa consciência no que diz respeito à vida quotidiana; principiareis a observar a sua maneira de funcionar e então logo vos apercebereis que a maior parte dos vossos pensamentos não são *vossos;* são os pensamentos de outras pessoas que acolhestes pressurosamente; pensamentos que surgem, não sabeis como; pensamentos que vêm, não sabeis de onde; pensamentos que novamente desaparecem, e cujo destino ignorais; e sentireis, com certa amargura e desapontamento, que a vossa inteligência, em vez de estar altamente evoluída, não passa afinal de uma encruzilhada onde os pensamentos perpassam ligeiros. Tentai a experiência, vós que me ledes, e vede se todo o conteúdo da vossa consciência vos pertence ou se a maior parte não consiste unicamente de coisas emprestadas. Interrompei-vos subitamente durante o dia e observai os vossos pensamentos nessa ocasião; o mais provável é descobrirdes que não pensáveis em coisa nenhuma — muito freqüente — ou então pensáveis de modo tão vago que a impressão recebida pelo princípio mental que em vós existe seria quase nula. Quando tiverdes feito esta experiência várias vezes, o que vos ajudará a obter uma consciência cada vez mais nítida acerca de vós mesmo, principiai então a analisar os pensamentos que se acham na vossa consciência e procurai a diferença entre a sua condição à entrada e à saída, isto é, o que vós haveis acrescentado a esses pensamentos durante a sua estada na vossa consciência. A vossa mentalidade tornar-se-á assim realmente ativa e começará a exercer o seu poder criador. Se formos sensatos, servir-nos-emos do seguinte processo: primeiro escolheremos os pensamentos que acharmos dignos de permanecer em nossa mente, sempre que des-

cobrirmos um pensamento bom, consagrar-lhe-
-emos toda a nossa atenção, alimentá-lo-emos, for-
talecê-lo-emos, faremos o possível por tornar o seu
conteúdo ainda mais valioso a fim de o en-
viarmos para o mundo astral na qualidade de
agente benfazejo. E se encontrarmos um pensa-
mente maligno na mente, apressar-nos-emos a
afugentá-lo. O resultado de só acolhermos pensamentos bons e úteis e de nos recusarmos a admitir
pensamentos maus, será afluírem à nossa mente
cada vez mais pensamentos bons, ao passo que os
maus se abstêm de aparecer. O nosso mental, repleto de pensamentos bons e úteis, atuará como
um ímã sobre todos os pensamentos semelhantes
que nos circundam; quanto aos pensamento maus,
sentir-se-ão repelidos por uma ação automática da
própria mente, visto nos recusarmos obstinada-
mente a admiti-los. A característica do corpo
mental será portanto atrair todos os pensamentos
bons que erram na amosfera e repetir todos os
pensamentos perversos; submeter os bons a um
processo de aperfeiçoamento, tornando-os mais
ativos e assim se irá enriquecendo com o material
mental acumulado deste modo, ano a ano. Quando
o homem finalmente se desembaraça dos seus corpos físico e astral e penetra no mundo mental,
far-se-á acompanhar de todos estes tesouros amon-
toados durante a vida terrestre; o conteúdo da in-

teligência achar-se-á transportado à região a que pertence e o homem empregará a sua vida devacânica a transformar em faculdades e poderes todos os materiais mentais acumulados no mundo físico.

Ao acabar o período devacânico, o corpo mental transmitirá ao corpo *causal* permanente as características assim formadas, a fim de serem transportadas para a próxima encarnação. Quando o homem regressar, estas faculdades revestir-se-ão da matéria dos planos rupa do mundo mental, a fim de formarem um corpo mental cujo desenvolvimento e organização sejam mais perfeitos, e que é destinado à próxima vida terrestre. Manifestar-se-ão enfim ao passar pelos corpos astral e físico, sob a forma das "faculdades inatas" que as crianças trazem ao nascer. Durante a vida presente acumulamos materiais segundo a maneira acima descrita; durante a vida devacânica transformamos estes materiais, de esforços separados de pensamento que eram, em faculdade de pensamento, em poderes e faculdades mentais.

É esta a enorme transformação efetuada durante a vida devacânica e visto que este trabalho se acha previamente limitado pelo uso que faremos da vida terrestre, será bom não pouparmos desde já os nossos esforços. O corpo mental da próximo encarnação depende do trabalho que efetuamos no corpo mental atual; concebe-se, pois, quanto é imensamente importante para a evolução do homem o uso que agora faça do seu corpo mental; é ele que fixa os limites da atividade humana no Devacã, e por conseguinte, é ele que fixa também os limites das qualidades mentais que o acompanharão na sua próxima vida terrestre. Tanto nos é impossível isolar uma vida de outra vida, como criar milagrosamente qualquer coisa. O carma traz-nos a colheita proporcionada ao que semeamos; será parca ou abundante segundo os cuidados que o lavrador dispensou às sementes e à lavoura.

Talvez compreendamos melhor a ação automática do corpo mental, a que já acima nos referimos, se considerarmos a natureza dos materiais de que necessita para a sua construção. O Mental Universal com o qual se acha ligado na sua natureza íntima, constitui, sob o seu aspecto material, o depósito onde ele obtém estes materiais. Dão origem a todos os gêneros de vibrações, variando em qualidade e em poder segundo as combinações produzidas. O corpo mental atrai automaticamente a matéria suscetível de manter as combinações já nele existentes, pois tanto no corpo mental como no corpo físico se produz uma troca incessante de partículas, de modo que cada partícula ao desaparecer cede logo o seu lugar a outra partícula semelhante. Se o homem descobre em sua mente tendência malévola e se põe em campo para as modificar, essa sua resolução dá origem a novas vibrações às quais o corpo mental, habituado a responder só às antigas, resiste com tenacidade, causando portanto conflitos e sofrimentos. Mas, gradualmente, as velhas partículas são expelidas e substitudas por outras que respondem às novas vibrações (partículas atraídas automaticamente em virtude da sua própria afinidade) e o corpo mental muda de caráter, muda mesmo de materiais, e as suas vibrações acabam por repelir o mal e atrair o bem. Disto resulta a extrema dificuldade dos primeiros esforços, que são combatidos pelo mental sob o seu antigo aspecto; e disto provém igualmente a facilidade cada vez maior com que nos é dado pensar com sensatez, à medida que o mental se vai transformando, e finalmente a espontaneidade e o prazer que acompanham este novo modo de exercer atividade.

Existe outro modo de auxiliar o desenvolvimento do corpo mental: a prática da concentração. A concentração é a arte de fixar a mente num ponto e conservá-la aí firmemente, não lhe permitindo que erre ao acaso e sem destino. Devemos educar a nossa mente a pensar duma maneira firme e consecutiva, devemos evitar que as nossas energias mentais se esbanjem em mil pensamentos insignificantes, e que pousem frívolamente agora nisto, logo naquilo. Um bom exercício a aconselhar é seguir um raciocínio contínuo, no qual cada pensamento emerge naturalmente do pensamento que o precedeu, fazendo assim com que se desenvolva gradualmente as qualidades intelectuais que dão aos nossos pensamentos uma seqüência rigorosa e portanto essencialmente racional. Enquanto o mental assim funciona, seguindo os pensamentos com ordem e método, à medida que se sucedem uns aos outros, adquire simultaneamente novas forças que o tornam um instrumento digno para o trabalho ativo do Ego no mundo mental. Este desenvolvimento do poder de pensar com concentração e seqüência manifestar-se-á no corpo mental cujos contornos se tornarão definidos, o seu rápido progresso, no equilíbrio e na firmeza das suas faculdades; todos os esforços serão compensados pelos progressos que deles resultam.

b) O Corpo Causal. — Ocupemo-nos agora do segundo corpo mental, que designamos sob o seu nome distintivo de: "corpo causal." Damos-lhe este nome em virtude de nele residirem todas as causas cujos efeitos se manifestam nos planos inferiores. Este corpo é "o corpo de Manas", o aspecto *"forma"* do indivíduo, do verdadeiro homem. Constitui o receptáculo, o reservatório, onde todos os tesouros do homem se acham acumulados para a eternidade e vai-se sempre desenvolvendo mais e mais, à medida que a natureza inferior lhe transmite coisas dignas de nele serem incorporadas. É no corpo causal que são assimilados todos os resultados duráveis da atividade humana; é nele que se acham armazenados os gérmens de todas as qualidades, a fim de serem transmitidos à próxima encarnação; portanto, as manifestações inferiores dependem inteiramente do progresso e do desenvolvimento deste homem "cuja hora nunca soa".

Como já acima dissemos, o corpo causal é o aspecto *"forma"* do indivíduo. Visto só nos ocuparmos aqui do ciclo humano atual, diremos que antes da sua aparição, o *homem* não existe. Podem existir os tabernáculos físico e etérico já preparados para a sua vinda; as paixões, as emoções, os apetites podem-se acumular gradualmente, a fim de formar a natureza kâmica no corpo astral; porém o homem não existe enquanto não se tenha efetuado o desenvolvimento do ser através dos planos físico e astral, e enquanto a matéria do mundo mental não tenha principiado a evidenciar-se nos corpos inferiores evoluídos. Quando a matéria do plano mental principia a evoluir lentamente graças ao poder do Ego que prepara a sua própria residência, produz-se um transbordar do grande oceano do Atma-Búddhi, que paira constantemente sobre a evolução do homem. Esta corrente ascende de matéria mental em evolução, une-se a ela, fecunda-a e gera o corpo causal do indivíduo. As pessoas que conseguem ver nessas regiões elevadas, dizem que este aspecto *"forma"* do verdadeiro homem se assemelha a um véu tenuíssimo, de matéria infinitamente sutil, quase invisível, demarcando o ponto em que o indivíduo dá início à sua vida separada. Esse véu delicado e incolor, de matéria sutil, é o corpo que perdura durante toda a evolução humana, o fio que sustém e liga entre elas todas as vidas humanas, o Sûtrâtma reencarnador, o *"fio-ego"*. Constitui o receptáculo de tudo quanto está de acordo com a Lei, de todos os atributos nobres e harmoniosos e por conseguinte duráveis. É nele que se nota o desenvolvimento do homem, o grau de evolução que atingiu. Cada pensamento nobre, cada emoção elevada e sublime ascende até ele, a fim de ser assimilada na sua substância.

Consideremos a vida de um homem vulgar e vejamos que elementos pode fornecer para a construção do corpo causal. Este, imaginá-lo-emos sob o aspecto dum véu tenuíssimo; deve ser fortalecido, deve revestir cores admiráveis, deve-se tornar exuberante de vida, resplandecente, sublime, tomando proporções cada vez mais vastas, à medida que o homem progride e se desenvolve: O homem, quando ainda se acha no princípio da sua evolução, não mostra muitas qualidades mentais; pelo contrário, manifesta sobretudo paixões e apetites.

Só deseja, só procura sensações. É como se esta vida íntima do homem projetasse uma pequena porção da matéria delicada de que é composta, em volta da qual o corpo mental se forma; por sua vez o corpo mental prolonga-se até ao corpo astral, entra em contacto com ele, e forma assim uma ligação, uma espécie de ponte pela qual tudo quanto pode passar, passa. Por meio dessa ponte o homem manda os seus pensamentos para o mundo das sensações, das paixões da vida animal, e os pensamentos confundem-se com estas paixões e emoções animais. Deste modo, o corpo mental confunde-se com o corpo astral, e os dois aderem tão fortemente um ao outro que só com dificuldade se separam quando a morte sobrevém. Porém se, durante a sua vida nestas regiões inferiores, o homem emitir um pensamento desinteressado, um pensamento que preste auxílio a um ente querido; se fizer um sacrifício para servir um amigo, produz com isso uma obra durável, uma obra que consegue viver, visto pertencer à natureza do mundo superior; uma obra que pode elevar-se até ao corpo causal e incorporar-se na sua substância, tornando-o mais belo, dotando-o talvez do seu primeiro tom de cor viva. A vida inteira do homem pouco evoluído só poderá produzir provavelmente um número limitado destes resultados duráveis, que servem para alimentar o corpo causal. Este progresso, portanto, é muito lento, porque todo o resto da sua vida não contribui para nada. Os gérmens das suas tendências malignas, produzidas pela ignorância e alimentadas pela prática, são atraídos intimamente e mergulhados numa inércia latente, quando o corpo astral que os recolheu e lhes deu forma, se dispersou no mundo astral. São atraídos intimamente para o mundo mental e aí jazem num estado latente, carecendo de meios de expressão no mundo devacânico; quando o corpo mental por sua vez expira, estes gérmens penetram no corpo causal e aí permanecem, sempre latentes, num estado de animação suspensa. Quando, por fim, o Ego atinge o mundo astral, ao regressar à vida terrestre, os gérmens retomam nova vida e são arremessados a fim de reaparecerem na criança sob a forma de tendências malignas. Portanto, podemos considerar o corpo causal como o receptáculo tanto do mal como do bem, visto constituir tudo o quanto resta do homem depois da dispersão dos veículos inferiores; mas o bem é assimilado na sua textura e ajuda-o a desenvolver-se, ao passo que o mal (salvo o caso excepcional que vamos mencionar) permanece no estado de gérmen. Porém, se o homem põe o seu pensamento ao serviço do mal, então inflige ao corpo causal um dano consideravelmente maior do que se deixasse o mal existir de um modo latente, como gérmen de tristeza e pecado futuros. Além de não ajudar o desenvolvimento do homem verdadeiro, o mal pode, por assim dizer, arrastar e comprometer uma parte do próprio indivíduo; para obter este resultado, basta ser sutil e persistente. Se o vício persistir, se o mal for incessantemente praticado, o corpo mental confunde-se de tal maneira com o corpo astral que lhe é impossível libertar-se dele inteiramente, chegando mesmo a perder uma parte da sua própria substância, e quando o astral se dispersa, a substância mental regressa à matéria universal, abandonando o indivíduo para sempre.

O véu tênue, semelhante a uma bola de sabão, que constitui o corpo causal, pode portanto tornar-se mais vago, mais rarefeito, em virtude duma existência depravada; não é só o seu desenvolvimento que se atrasa, mas a sua própria constituição sofre uma grande alteração, tornando as suas funções de assimilação mais penosas. Numa palavra, a sua capacidade de se desenvolver parece, até certo ponto, atrofiada. Na maioria dos casos, o dano infligido ao corpo causal não passa disto.

Porém, quando o Ego se tornou poderoso em vontade e inteligência, sem aumentar simultaneamente o seu desinteresse e o seu amor; quando se contrai em volta do seu centro em vez de se expandir à medida que se desenvolve; quando se faz rodear duma muralha de egoísmo e se serve do seu poder para satisfazer a ambição do seu "eu" em vez de o pôr ao serviço do todo; nestes casos é que surge a possibilidade dum mal mais terrível e mais profundo a que tantas tradições sagradas aludem: a possibilidade do Ego se revoltar conscientemente contra a Lei, lutando com firmeza contra a evolução. Sob a influência das vibrações do intelecto e da vontade, orientada unicamente para fins egoístas, o corpo causal reveste-se de cores escuras que resultam da contração e perde o resplendor deslumbrante que constituía o seu atributo característico. Não é um Ego mediocremente evoluído, nem defeitos passionais ou mentais vulgares que podem produzir tamanho mal. Só um Ego com uma evolução muito elevada, cujas energias se manifestem poderosamente no plano manásico, poderá causar semelhante catástrofe. E é por isso que a ambição, o orgulho e os poderes da inteligência aplicados exclusivamente a fins egoístas se tornam mil vezes mais perigosos, mais mortíferos nas suas conseqüências do que os defeitos mais palpáveis da natureza inferior; o "fariseu" acha-se muitas vezes mais afastado do "reino de Deus" do que "o publicano e o pecador". É a esta classe que pertence o "feiticeiro negro", o homem que subjuga as suas paixões e os seus desejos, que desenvolve a vontade e os altos poderes da inteligência a fim de se apoderar de tudo para si, para o seu "eu", e não para auxiliar, cheio de júbilo, a evolução do todo. A sua divisa é: tudo para ele, nada para os outros. Estes homens esforçam-se por manter a separação contra a união; o seu objetivo é atrasar a evolução, em vez de acelerá-la; por isso vibram em discordância com o todo, em vez de vibrarem em uníssono; por isso se acham ameaçados do dilaceramento do seu Ego, desgraça horrível que significa a perda de todos os frutos da evolução.

Todos aqueles que tenham principiado a compreender ligeiramente a natureza e as funções do corpo causal, podem considerar o seu desenvolvimento como o principal objetivo da sua vida; podemos esforçar-nos por pensar desinteressadamente, e contribuir assim para o seu progresso e para a sua atividade. Esta evolução do indivíduo prossegue invariavelmente, vida após vida, século após século, milênio após milênio; ativando o seu desenvolvimento com os nossos esforços conscientes, trabalhamos em harmonia com a vontade divina e executamos a obra de que fomos incumbidos neste mundo. O mínimo pensamento bom, toda a ação boa entram no tecido deste corpo causal e nunca mais se perdem; tudo quanto é bom permanece intacto porque este é o homem verdadeiro, que vive eternamente.

Vemos, portanto, que, segundo a lei da evolução, tudo quanto é mau, embora pareça momentaneamente poderoso, contém em si próprio o gérmen da sua destruição, ao passo que tudo quanto é bom possui a semente da imortalidade. Isto explica-se pelo fato de todo o mal ser desarmônico, e de estar em oposição com a lei cósmica; portanto, essa mesma lei, mais tarde ou mais cedo, esmagará inexoravelmente o mal e reduzi-lo-á ao nada. Pelo contrário, tudo quanto for bom, visto estar em harmonia com a lei, é por ela transportado, impelido para diante. Fica fazendo parte da corrente da evolução do "não sei quê, que tende para a perfeição e que está muito além de nós" e por isso nunca pode perecer, nunca pode ser destruído. Nisto consiste não só a esperança do homem, mas também a certeza do seu triunfo final; por muito lento que seja o progresso, essa certeza não o abandona; por muito longo que seja o caminho, tem um fim. O indivíduo que é o nosso Ego vai sempre evoluindo e agora não pode ser inteiramente destruído; embora nós muitas vezes sejamos a causa de que o progresso vá mais lentamente do que seria para desejar, é contudo certo que tudo quanto fazemos para contribuir para esse progresso, todos os nossos esforços, por muito humildes que sejam, perduram eternamente e constituem nosso legítimo bem por todos os séculos futuros.

OS OUTROS CORPOS

Ainda nos podemos elevar mais um passo; porém a região onde penetraremos é tão sublime que até mesmo à nossa imaginação se torna quase inacessível, pois o próprio corpo causal não é tudo quanto há de mais elevado e o "Ego Espiritual" não é Manas, mas, sim, Manas unido a Búddhi, por ele absorvido. É isto que constitui o ponto culminante da evolução humana, é aí que a roda dos nascimentos e das mortes finalmente fica estacionária. Vamos tratar dum plano superior àquele que acabamos de estudar, designado às vezes pelo nome de *Turiya* ou plano de Buda. Neste plano, o veículo da consciência é o corpo espiritual, o *Anandamayakosha,* ou corpo de bem-aventurança, para o qual os iogues podem passar, a fim de gozarem da eterna bem-aventurança desse mundo sublime e conceberem na sua consiência essa Unidade fundamental que passa a ser um fato da experiência direta, em vez de se restringir a uma crença intelectual. Muitos de nós talvez já tenham lido livros que tratam duma certa época futura em que o homem terá adquirido tesouros de amor, sabedoria e poder; em que lhe será dado passar pelo grande portal da Iniciação que marca uma fase decisiva na sua evolução. Ao passar por esse portal, guiado pelo seu Mestre, o homem eleva-se pela primeira vez até o corpo espiritual, a fim de nele gozar da unidade que constitui a base de tôda a diversidade do mundo físico, e de tôda a sua separatividade, assim como da separatividade do plano astral e até mesmo da região mental. Só quando estes ficam para trás e o homem se eleva acima deles, revestido do seu corpo físico, só então constata, pela experiência direta, que a separatividade pertence unicamente aos três mundos inferiores, que ele se acha munido a todos os seus semelhantes e que, sem perder noção do Ego, a sua consciência se pode expandir e abarcar a consciência dos outros, identificando-se com todos eles. É essa a união a que o homem aspira sem cessar, a união que *sentiu* ser verdadeira e que nunca conseguiu realizar nos planos inferiores; no plano onde agora se encontra, essa união sublime reina soberana; nunca os seus sonhos mais ousados tiveram uma realização tão completa: o seu "Eu" mais íntimo funde-se, torna-se "uno" com a humanidade.

a) Corpos Temporários. — Ao passarmos em revista os corpos do homem, não nos devemos esquecer de mencionar certos veículos temporários que, devido ao seu caráter especial, se podem chamar artificiais. Quando o homem principia a deixar o corpo físico, pode fazer uso do corpo astral, mas enquanto funcionar neste veículo, não pode ultrapassar os limites do mundo astral. É-lhe contudo possível servir-se do corpo mental (o Manas inferior) a fim de penetrar no mundo mental, e este veículo permitir-lhe-á também percorrer livremente os planos físico e astral. A este corpo dão freqüentemente o nome de Mâyâvi Rûpa ou corpo de ilusão; é, por assim dizer, o corpo mental transformado, para servir de veículo à atividade separada do indivíduo. O homem arranja o corpo mental à sua imagem, à sua semelhança e nesta forma temporária e artificial pode percorrer livremente os três planos e ultrapassar os limites a que o homem vulgarmente se acha cingido. É a este corpo que os livros teosóficos se referem freqüentes vezes; o corpo em que uma pessoa pode viajar, percorrer terras, penetrar no mundo mental, a fim de aí aprender novas verdades, adquirir nova experiência e voltar ao estado de vigília munido de todos os tesouros assim acumulados. A principal vantagem deste corpo superior é ele não estar sujeito no mundo astral às decepções e ilusões contra as quais o corpo astral só dificilmente se pode defender. Os sentidos astrais que não foram educados, induzem-nos muitas vezes a erros; é mister adquirir muita experiência, antes de nos fiarmos nas suas indicações. Este corpo mental temporariamente formado acha-se fora do alcance dessas decepções; vê e ouve com rigorosa nitidez; não há ilusões nem alucinações astrais que o consigam enganar. E este o motivo por que este corpo é escolhido de preferência por aqueles que se habituara a estas peregrinações; formam-no quando dele precisam, abandonam-no depois de se terem servido dele. Graças a ele, o estudante aprende muitas lições que de outro modo nunca chegaria a aprender; recebe ensinamentos de que ficaria privado se não fosse esse auxílio.

Tem-se dado o nome de Mâyâvi Rûpa a outros corpos temporários, mas achamos preferível restringir este termo ao corpo acima descrito. Um homem pode aparecer a certa distância num corpo que na realidade não é um veículo da consciência, e sim um pensamento revestido da essência elemental do plano astral. Estes corpos são geralmente veículos dum pensamento especial, duma vontade particular; excetuando isto, são perfeitamente inconscientes.

b) A Aura Humana. — Agora é-nos dado compreender o que na realidade constitui a aura humana e qual a sua significação. A aura é o próprio homem, manifestado simultaneamente nos quatro planos da consciência; o seu poder de funcionar em cada um deles acha-se em conformidade com o seu desenvolvimento; constitui o agregado dos seus corpos, dos seus veículos de consciência: numa palavra, é o aspecto *forma* do homem. Assim é que devemos considerar, e não como se fosse simplesmente uma auréola ou uma nuvem, circundando o corpo físico. O corpo espiritual é o mais sublime de todos; é visível nos Iniciados e nele irradia o fogo átmico vivo; este constitui a manifestação do homem no plano búdico. Segue-se-lhe o corpo causal, a sua manifestação no mundo mental superior, nos seus níveis arúpicos (sem forma), onde o indivíduo reside. Em seguida vem o corpo mental, pertencente aos planos mentais inferiores, e depois sucessivamente os corpos astral, etérico e denso, cada um formado da matéria da sua própria região e representando o homem tal como ele é em cada uma dessas regiões. Quando o discípulo contempla o ser humano, vê todos estes corpos que compõem o homem, apresentando-se separadamente em virtude dos seus diferentes graus de matéria e marcando asim o grau de desenvolvimento atingido pelo homem. Quando o poder de visão transcendente do discípulo se acha bastante desenvolvido, é-lhe dado ver cada um destes corpos em plena atividade. O corpo físico, o mais pequeno de todos, aparece como uma espécie de cristalização densa no centro dos outros corpos que o penetram e se expandem em todos os sentidos à volta dele. Depois temos o corpo astral, mostrando o estado da natureza kâmica que representa um papel tão importante no homem vulgar; repleto das suas paixões, dos seus apetites vis e das suas emoções, varia na delicadeza e na cor, segundo o grau de pureza do homem. Nos seres grosseiros apresenta-se muito espêsso, e quanto mais delicado for o homem, mais este corpo se vai sutilizando, até atingir o auge da tenuidade no indivíduo altamente evoluído. Segue-se-lhe o corpo mental, que, embora pouco desenvolvido na maioria das pessoas, adquire em muitas outras uma beleza incomparável, variando de cor, segundo o seu tipo mental e moral. Em seguida vem o corpo causal, quase impossível de distinguir na maior parte dos indivíduos, tão fraco é o seu desenvolvimento, tão tênue o seu colorido, tão débil a sua atividade; só graças a um exame muito atento se pode discernir o seu contorno. Mas se contemplarmos uma alma altamente evoluída, veremos logo que o corpo causal e o corpo espiritual são justamente os que mais sobressaem como representação típica do homem. Apresentam-se resplandecentes de luz, munidos de cores delicadas e sublimes, cujos tons é impossível descrever, pois não se encontram no espectro solar; estes tons, estes cambiantes não só são puros e lindíssimos, como também são inteiramente diferentes das cores conhecidas nos planos inferiores. Estes tons adicionais mostram o progresso do homem quanto às qualidades e poderes sublimes que só existem nessas regiões elevadas. Quem tiver a suprema felicidade de contemplar um dos Mestres, vê-lo-á aparecer sob esta poderosa forma de vida e de cor, sublime e resplandecente, indescritivelmente belo, de uma beleza divina que ultrapassa tudo quanto a imaginação até ali idealizara. O seu aspecto é tão majestoso que logo evidencia a Sua natureza. E contudo, não há ninguém que não possa revestir um dia essa forma resplandecente; a possibilidade de uma perfeição futura jaz em estado latente no filho do homem.

Relativamente à aura, há um ponto que desejo frisar, em virtude da sua utilidade prática. É-nos permitido defender-nos até um certo limite das incursões dos pensamentos exteriores, graças a uma verdadeira muralha esférica, formada com a própria substância da aura que elevamos em torno de nós. A aura responde prontamente ao impulso do pensamento; portanto, se com um esforço da imaginação representarmos a sua superfície exterior como estando solidificada sob a forma duma concha, a aura assume realmente essa forma, protegendo-nos contra todos os assaltos do exterior. Esta concha evitará a irrupção de pensamentos vagabundos que circulam na atmosfera astral, evitando portanto também a influência nociva que exerceriam sobre a mente indefesa. O esgotamento vital que às vezes sentimos, especialmente quando entramos em contato com pessoas que "vampirizam" inconscientemente o seu próximo, também pode ser poupado da mesma maneira, isto é: formando a concha áurica. As pessoas sensíveis e que se acham exaustas devido a este sugar das suas forças, devem seguir o nosso conselho, a fim de se protegerem. É tal o poder do pensamento humano sobre a matéria sutil que é suficiente imaginarmos que estamos dentro de uma concha para isso logo se realizar.

Se observarmos os seres humanos que nos rodeiam, vê-las-emos em todas as fases do desenvolvimento, mostrando pelo próprio aspecto dos seus corpos o ponto que atingiram na sua evolução enquanto vão percorrendo os vários planos do universo e funcionando em regiões cada vez mais elevadas, a fim de desenvolverem os veículos da consciência que correspondem a estas regiões. A nossa aura mostra-nos tais como somos; à medida que progredimos na vida verdadeira, aumentamos-lhe a beleza; purificamo-la com as nossas vidas sãs e puras e introduzimos-lhe gradualmente qualidades cada vez mais elevadas.

Haverá porventura alguma filosofia da vida que contenha mais esperança, mais poder, mais alegria do que esta? Se observarmos o mundo dos homens só com o olhar físico, apresenta-se-nos aviltado, miserável, aparentemente destituído de esperança; tal é o seu verdadeiro aspecto ante os olhos do corpo físico. Mas se o contemplarmos com a visão mais elevada, como tudo se nos depara de modo diferente! Vemos, é claro, a tristeza e a miséria, vemos o aviltamento e a vergonha; mas sabemos que tudo isso é transitório, temporário, que pertence à infância da raça e que a raça em breve ultrapassará essas coisas mesquinhas. Mesmo quando olhamos para os entes mais baixos, vis e brutais, distinguimos contudo as suas possibilidades divinas e concebemos o que eles virão a ser numa época futura. É esta a mensagem de esperança que a Teosofia traz ao mundo ocidental, uma mensagem de redenção universal da ignorância, e por conseguinte, de emancipação universal da miséria. Não se trata dum sonho, mas sim duma realidade; não é só uma esperança, mas sim uma certeza. Todo aquele que na sua vida dá sinais de desenvolvimento, constitui, por assim dizer, uma nova confirmação desta mensagem. Os primeiros frutos vão aparecendo em toda a parte e lá virá um dia em que todo o mundo estará maduro para a colheita e cumprirá a tarefa que o Logos lhe prescreveu ao dar-lhe a vida.

O HOMEM

Passemos agora ao estudo do homem em si, pondo de parte os veículos da consciência para só nos ocuparmos da ação da consciência sobre eles; deixemos os corpos e passemos à entidade que neles funciona. Quando digo "o homem", refiro-me ao indivíduo contínuo que passa de vida para vida, que enverga os corpos vezes sem conta, para de novo os abandonar, e que se desenvolve lentamente em virtude da experiência assimilada do decorrer dos séculos. Este homem existe no plano manásico ou plano mental superior, a que me referi no capítulo precedente, e a esfera da sua ação abrange os três planos que já nos são familiares, isto é: o plano físico, o plano astral e o plano mental.

O homem principia as suas experiência pelo desenvolvimento da "consciência do eu" no plano físico. Aqui aparece o tal estado a que chamamos "a consciência no estado de vigília", consciência que todos conhecemos, e que trabalha através do cérebro e do sistema nervoso. É graças a esta consciência que ordinariamente raciocinamos, expondo todos os recursos da nossa lógica, relembrando-nos fatos da nossa encarnação atual e fazendo o nosso juízo acerca de todas as questões da vida. Todas as faculdades que reconhecemos em nós mesmos constituem o fruto do trabalho do homem através das etapas anteriores da sua peregrinação, e a sua "consciência do eu" torna-se aqui cada vez mais nítida, cada vez mais ativa, cada vez mais viva, à medida que o indivíduo se desenvolve, à medida que o homem vai progredindo de vida para vida.

Se estudarmos um homem muito pouco evoluído, veremos que a sua atividade mental "consciente do eu" é extremamente pobre em qualidade e restrita em quantidade. Trabalha no corpo físico por intermédio do cérebro grosseiro e etérico; a ação é contínua no que diz respeito ao sistema nervoso visível e invisível, porém esta ação é ainda de uma espécie bastante primitiva. Mostra muito pouco discernimento, muito pouca delicadeza de tato mental. Existe nele uma certa atividade mental, que é porém excessivamente infantil, mesmo pueril; este homem ocupa-se com os pequenos nadas; distrai-se com os acontecimentos mais banais deste mundo; as coisas mesquinhas é que despertam a sua atenção; as trivialidades é que o interessam; entretem-se imenso com os objetos que passam. Para ele não há prazer maior do que estar à janela, numa rua de muito trânsito, a reparar nas pessoas e nos veículos que passam, fazendo observações acerca dos transeuntes, dando gargalhadas homéricas se uma pessoa bem vestida tropeça e cai numa poça de água, ou se um carro ao passar a salpica dos pés à cabeça. Como não possui intimamente nada que ocupe a sua atenção, vê-se obrigado a recorrer constantemente a impressões exteriores, a fim de sentir que vive. O homem que trabalha nos corpos físicos e etérico e que põe estes em estado de funcionar como veículos da consciência, procura sempre sensações violentas; isto constitui uma das principais características deste estado inferior da evolução mental. Precisa de adquirir a certeza que sente, e aprende a distinguir as coisas pelas sensações fortes e nítidas que delas recebe. Esta etapa do progresso humano, embora muito elementar, é absolutamente necessária; sem ela, o homem andaria num estado de confusão perpétua, confusão entre os processos interiores do seu organismo e os exteriores. Tem de aprender o alfabeto do "eu" e do "não-eu", tem de aprender a distinguir entre os objetos que produzem as impressões, e as sensações produzidas pelas impressões; isto é, saber diferenciar o estímulo da sensação. É fácil reconhecer os representantes mais grosseiros desta fase da evolução humana. Em geral juntam-se em grupos às esquinas das ruas, encostam-se indolentemente à parede, e de vez em quando fazem uma observação estúpida que provoca a hilaridade geral. Se conseguíssemos penetrar com o olhar no cérebro desses indivíduos, veríamos que suas impressões recebidas do exterior são muito vagas e confusas e os elos que prendem estas impressões a outras semelhantes são tudo quanto há de mais fraco e imperfeito. Nesses cérebros pouco evoluídos, as impressões parecem antes um monte de pedras do que um mosaico disposto com regularidade.

Para estudarmos o modo como o cérebro etérico e o cérebro denso se tornam veículos da consciência, temos de arrepiar caminho até chegar ao desenvolvimento primitivo do *Ahamkâra* ou "consciência do eu", fase esta que se pode observar nos animais inferiores que nos rodeiam. O choque de objetos exteriores provoca vibrações no cérebro, que por sua vez as transmite ao corpo astral; daí passam à consciência que as percebe sob forma de sensações. Porém é preciso que se note que até aqui não existe nenhum encadeamento entre as sensações e os objetos que as provocam, porque este encadeamento constitui uma ação mental definida isto é: uma *percepção*. Quando a percepção principia, a consciência serve-se do cérebro físico e do cérebro etérico como de um veículo para seu uso exclusivo, graças ao qual adquire o conhecimento do mundo exterior. Esta fase pertence, é claro, às idades remotas da humanidade; contudo ainda podemos observar a sua repetição fugitiva quando a consciência toma posse de um novo cérebro depois do nascimento; a criança principia a "reparar" como dizem as amas, isto é, principia a estabelecer uma relação entre uma sensação que nela se produz e a impressão feita no seu novo invólucro, ou veículo, por um objeto exterior. Principia portanto a reparar no objeto, a perceber a sua existência.

Depois de algum tempo, já não é necessária a percepção do objeto para que a consciência se inteire da presença desse objeto; consegue perfeitamente evocar em pensamentos o aspecto do objeto, sem de modo algum se achar em contato com ele. Esta percepção que se repercute na memória, constitui uma idéia, um conceito, uma imagem mental, que formam a reserva acumulada pela consciência no mundo exterior. É com este estoque de idéias que ela principia a trabalhar e a primeira fase desta atividade é a coordenação das idéias, a fase preliminr do "raciocínio" motivado por estas idéias. O raciocínio principia pela comparação das idéias entres, à qual se segue a dedução das respectivas relações, em conseqüência da simultaneidade, várias vezes repetida, de duas ou mais idéias. Neste processo, a consciência tem repressado a si mesma, fazendo-se acompanhar das idéias extraídas das percepções, e continua a acrescentar-lhes qualquer coisa sua, original, como, por exemplo, quando infere uma seqüência, relaciona uma coisa com outra como causa e efeito, principia a tirar conclusões, principia mesma a prever acontecimentos futuros e assim, quando aparece a percepção considerada como "causa", a consciência espera que se lhe siga logo a percepção considerada como "efeito". Além disso, ao comparar as suas idéias, a consciência observa que muitas delas têm um ou mais elementos em comum, ao passo que as outras partes constituintes são diferentes. Trata portanto de separar estas características de uma classe; em seguida agrupa os objetos que as possuem, e ao ver um novo objeto que também possui estas características, classifica-o imediatamente com os outros. É assim que a consciência humana vai organizando gradualmente num cosmos o caos das percepções com que iniciou a sua carreira mental, ao mesmo tempo induz a Lei da sucessão metódica dos fenômenos e dos tipos que encontra na natureza. Isto constitui o trabalho da consciência dentro do cérebro físico e através dele, porém mesmo nesta operação sentimos a presença daquilo que o cérebro não fornece. O cérebro só recebe vibrações; a consciência, atuando no corpo astral, muda as vibrações em sensações, e no corpo mental transforma as sensações em percepções, continuando em seguida a pôr em prática todos os processos, que, como acima dissemos, transformam o caos num cosmos harmonioso. Além disso a consciência é iluminada por idéias que não são fabricadas com materiais fornecidos pelo mundo físico, mas sim que se refletem diretamente nela dimanados da Inteligência Universal. As grandes "leis do pensamento" regulam toda a atividade mental e a própria ação de pensar revela a sua preexistência, pois é graças a elas que esta ação tem lugar; sem estas leis não seria possível pensar.

É quase desnecessário fazer notar que todos estes primeiros esforços da consciência quando tenta trabalhar no veículo físico, são sujeitos a muitos erros, erros causados pela imperfeição da percepção e por induções erradas. As induções precoces, as generalizações que resultam da experiência limitada, viciam uma grande parte das conclusões achadas; por isso, mesmo as regras de lógica são formuladas com o fim de disciplinar a faculdade pensadora, permitindo-lhe evitar as aberrações em que constantemente se deixa induzir enquanto tem falta de treino. Não resta dúvida porém que a simples tentativa, mesmo imperfeita, de raciocinar dum objeto para outro constitui uma prova evidente do progresso do próprio homem, pois indica que ele acrescenta qualquer coisa de original à informação fornecida pelo exterior. Este trabalho realizado à custa dos materiais acumulados influi sobre o próprio veículo físico. Quando a inteligência encadeia duas percepções, estabelece igualmente uma ligação entre os dois grupos de vibrações que produzem as percepções, visto causar vibrações correspondentes no cérebro. Isto é, quando o corpo mental entra em atividade, atua sobre o corpo astral, este por sua vez impressiona o corpo etérico e o corpo denso, e a matéria nervosa deste último vibra sob os impulsos transmitidos. Esta ação manifesta-se sob a forma de descargas elétricas, que dão origem a correntes magnéticas, e estas circulam entre as moléculas e grupos de moléculas, causando inter-relações extremamente intrincadas. Essas correntes deixam o que chamaríamos um sulco nervoso, que outra corrente pode percorrer facilmente, sem sentir resistência. Portanto, se um grupo de moléculas interessado anteriormente por uma certa vibração entra novamente em atividade, devido à repetição da idéia correspondente na consciência do homem, o movimento que assim foi despertado propaga-se espontaneamente ao longo do sulco formado por qualquer associação anterior e põe em movimento um segundo agrupamento molecular. Este último transmite ao pensamento, depois das transformações regulares, uma vibração que se apresenta sob a forma de *idéia associada*. Disto resulta a grande importância da associação, porque este funcionamento do cérebro pode tornar-se por vezes extremamente importuno, como, por exemplo, quando uma idéia inepta ou ridícula se deixou associar a um pensamento sério ou sagrado. A consciência evoca a idéia sagrada a fim de meditar sobre ela, e subitamente, sem o seu consentimento, a idéia inepta, enviada pela ação mecânica do cérebro, irrompe pelo santuário, fazendo mil esgares que o profanam. Os sábios preocupam-se muito com a associação, e têm o máximo cuidado ao falarem das coisas mais sagradas, com receio de que qualquer pessoa estúpida ou ignorante estabeleça uma associação entre o que é sagrado e o que é insensato ou grosseiro, associação que provavelmente viria a repetir-se na consciência. Como é útil o preceito do grande Mestre da Judéia: "Não deis aos cães o que é sagrado, nem deiteis pérolas aos porcos!"

O homem dá mais um passo para o progresso quando principia a regular o seu procedimento pelas conclusões obtidas do trabalho interno, em vez de se sujeitar aos impulsos recebidos do exterior. Para funcionar, recorre à sua própria reserva da experiência acumulada, recordando coisas passadas, comparando resultados obtidos segundo várias linhas de conduta que o levam ao decidir qual é a linha de conduta que presentemente lhe convém adotar. Principia a fazer projetos, a prever, a formar um juízo do futuro pelo que sucedeu no passado, a raciocinar adiantadamente, guiando-se pela recordação do que já lhe aconteceu. Quando um homem chegou a este ponto, a sua *individualidade* entrou numa fase decisiva de desenvolvimento. É possível que ainda se veja obrigado a funcionar no seu cérebro físico sem nenhuma atividade independente, mas já se vai tornando uma consciência em plena via de desenvolvimento; uma consciência que principia a comportar-se como um indivíduo, escolhendo o seu próprio caminho, em vez de flutuar à mercê das circunstâncias ou de ser forçado por qualquer impulso exterior a seguir uma linha de conduta especial e estranha à sua vontade. O desenvolvimento do homem mostra-se cada vez mais determinado e uma vontade cada vez mais poderosa. Isto ajudar-nos-á a compreender exatamente a diferença que existe entre o homem forte e o homem fraco. O homem que tem força de vontade, obedece a impulsos interiores e torna-se sempre senhor das circunstâncias, fazendo atuar sobre elas forças apropriadas, guiadas pela sua reserva de experiências acumuladas; ao passo que o homem sem vontade própria obedece unicamente a impulsos exteriores, a atrações e repulsões exteriores. Esta reserva de experiência que o homem acumula durante muitas vidas, torna-se mais e mais acessível à medida que o cérebro físico se vai tornando mais dócil e conseqüentemente mais apto a receber. É o homem que possui a memória e que raciocina; é o homem que tem discernimento, que escolhe e que decide: mas tudo isto é feito através dos cérebros físico e etérico; tem de trabalhar e agir por intermédio do corpo físico, do mecanismo nervoso e do organismo etérico que lhe diz respeito. Quando o cérebro se torna mais impressionável e a qualidade da sua substância mais aperfeiçoada; quando o homem consegue exercer um verdadeiro *controle* sobre seu cérebro, pode então empregá-lo para uma melhor expressão de si mesmo.

Como devemos nós, os homens vivos, educar os nossos veículos de consciência a fim de torna-los instrumentos mais perfeitos? Não estudamos agora o desenvolvimento do veículo físico, mas sim o treino a que é submetido pela consciência que se serve dele como dum instrumento do pensamento. Não se contentando com o aperfeiçoamento do seu veículo físico, o homem resolve torná-lo ainda mais útil, habituando-o a responder pronta e consecutivamente aos impulsos que ele lhe transmite; portanto, para obter que o cérebro responda consecutivamente, ele próprio terá de pensar consecutivamente. Graças à seqüência rigorosa dos impulsos assim transmitidos, vai habituando o cérebro a pensar com seqüência por grupos associados de moléculas, e não por vibrações dispersas, sem relações entre si. O homem inicia, o cérebro só imita; portanto, pensar negligentemente, sem conexão, é habituar o cérebro a formar grupos vibratórios desconexos. Este treino ou educação tem duas fases: o homem resolve pensar de modo consecutivo e ensina o seu corpo mental a associar os pensamentos, impedindo-os de pousar casualmente aqui ou acolá. Deste modo educa o cérebro e este vibra em resposta ao seu pensamento. Os organismos físicos — os sistemas nervoso e etérico — habituam-se assim a trabalhar duma maneira sistemática; quando o dono necessita de seus serviços, apresentam-se logo, pressurosos e disciplinados, sempre prontos para executar as suas ordens. Entre este veículo treinado da consciência e o veículo destreinado existe a mesma diferença que se nota entre as ferramentas dum operário negligente que as deixa sujas e embotadas, impróprias para fazer uso delas, e as do homem que apronta as suas ferramentas, que as afia e as limpa, a fim de as ter sempre à mão e se servir delas quando é preciso. O veículo físico devia do mesmo modo estar sempre pronto a responder ao chamamento da inteligência.

O resultado deste trabalho contínuo no corpo físico não se limitará unicamente a aumentar as capacidades do cérebro, pois cada impulso transmitido ao corpo físico passou primeiro pelo veículo astral, produzindo também certo efeito sobre este. Já tivemos ocasião de ver que a matéria astral é muito mais sensível às vibrações do pensamento do que a matéria física; portanto, o efeito produzido sobre o corpo astral pelo método de educação que temos estudado é proporcionalmente maior. Graças a este método, o corpo astral assume, como já acima dissemos, uma grande nitidez de contornos e a sua organização atinge a maior perfeição. Quando um homem aprendeu a dominar o cérebro, quando aprendeu a concentrar-se, quando consegue pensar da maneira que mais lhe agrada e todas as vezes que lhe apetece, nesta altura produz-se um desenvolvimento correspondente na que ele chamaria (se disso tivesse consciência física) a sua vida de sono. Os seus sonhos tornar-se-ão nítidos, bem mantidos, racionais, mesmo instrutivos. O homem principia a funcionar no segundo veículo da consciência, no corpo astral; penetra na segunda grande região, ou plano de consciência, e funciona aí no veículo astral, completamente independente do veículo físico. Consideremos durante um momento a diferença que existe entre dois homens "bem acordados", isto é, funcionando no veículo físico, dos quais um só usa o seu corpo astral inconscientemente como uma ponte entre o mental e o cérebro, ao passo que o outro o usa conscientemente, como veículo. A visão do primeiro é vulgar e muito limitada, porque o seu corpo astral ainda não é um veículo efetivo da consciência; o segundo emprega a visão astral e já se não acha limitado pela matéria física. Vê através de todos os corpos físicos, veê-os tão bem por trás como por diante, todas as substâncias opacas, tais como paredes, etc., têm para ele a transparência do vidro; vê formas e cores astrais, auras, elementais, enfim, todos os seres pertencentes ao plano astral. Se vai a um concerto, tem dois prazeres: o do ouvido e o da vista; não só ouve a música, como vê sinfonias sublimes de cores; se assiste a uma conferência, todos os pensamentos e palavras do orador se lhes apresentam sob formas e cores diferentes, e deste modo obtém uma representação muito mais completa do seu pensamento do que ouvindo unicamente o som das suas palavras. Porque os pensamentos, expressos simbolicamente por meio de palavras, também são proferidos sob formas coloridas e musicais, e quando estas se acham revestidas de matéria astral, impressionam necessariamente o corpo astral dos ouvintes. A consciência, quando bem desperta neste corpo astral, recebe e registra todas as impressões adicionais; muitas pessoas que vão ouvir conferências, descobririam, se se examinassem cuidadosamente, que, além das palavras do orador, muitas coisas ficam gravadas na sua mente, coisas que naquela ocasião lhe passam despercebidas. Quantos descobrem depois na sua memória, muitas coisas que o conferencista não disse; produz-se por vezes uma espécie de sugestão que continua e completa o pensamento expresso, como se das palavras brotasse um "não sei quê" que lhes presta uma significação mais profunda que só o ouvido não poderia atingir. Esta experiência demonstra que o veículo astral se vai desenvolvendo. O homem que vigia os seus pensamentos faz trabalhar inconscientemente o corpo astral, que assim se desenvolve com mais rapidez, adquirindo uma organização cada vez mais perfeita.

A "perda de consciência" durante o sono pode ser causada pela falta de desenvolvimento do corpo astral ou pela ausência de laços conscientes de ligação entre o corpo astral e o cérebro físico. O homem faz uso do seu corpo astral durante o estado de vigília, para transmitir correntes mentais ao cérebro físico; porém, quando o cérebro físico, o único receptor habitual das impressões exteriores não se acha em atividade, então o homem se encontra na mesma situação que Daví quando envergou a sua armadura nova; perde parte da sua respectividade relativa às impressões, percebidas só através do corpo astral, visto não estar ainda habituado ao uso independente deste corpo. Pode mesmo aprender a servir-se dele independentemente no plano astral, ignorando contudo o uso que dele fez, quando regressa ao plano físico; isto constitui outra etapa do progresso lento do homem. Principia portanto a utilizar o seu corpo astral na região que lhe corresponde, antes de poder estabelecer um laço de continuidade entre esse mundo e o mundo inferior. Finalmente logra estabelecer essa conexão e então já pode passar dum veículo para outro, com plena consciência do que está fazendo; numa palavra, libertou-se do mundo astral. Alargou nitidamente o campo da sua consciência em estado de vigília, até incluir o plano astral, de modo que, mesmo estando no corpo físico, os seus sentidos astrais acham-se inteiramente a seu serviço. Não nos afastamos da verdade dizendo que esse homem vive simultaneamente em dois mundos; para ele não existe abismo nenhum a separá-lo; percorre a terra como um cego de nascença que tivesse recuperado a vista.

Na fase seguinte da sua evolução, o homem principia a trabalhar conscientemente no terceiro plano, ou plano mental; já há muito tempo que trabalha neste plano, enviando de lá os pensamentos que tomam formas tão ativas no mundo astral e se exprimem no mundo físico por intermédio do cérebro. Quando se torna consciente no corpo mental, no veículo mental, percebe que no ato de pensar está criando formas; torna-se consciente do ato criador, embora esteja exercendo este poder inconscientemente já há muito tempo. O leitor talvez se lembre de que numa das cartas citadas no *Mundo Oculto,* um Mestre diz que todos os homens produzem formas-pensamento, fazendo porém notar que o homem vulgar as produz inconscientemente, ao passo que o Adepto as produz conscientemente. (A palavra é aqui empregada numa acepção muito vasta, incluindo Iniciados de diversos graus muito inferiores ao de um "Mestre"). Chegando a esta fase do seu desenvolvimento, o homem aumentou consideravelmente o seu poder de prestar serviço, visto poder criar e dirigir uma forma-pensamento, um elemental artificial, como por vezes a chamam; esta forma-pensamento pode ser enviada por ele a pontos distantes, a fim de proceder a trabalhos que ele nessa ocasião não possa executar, por não achar conveniente transportar-se a si próprio no seu corpo mental. Deste modo, pode trabalhar de perto e de longe, aumentando a sua utilidade; dirige estas formas-pensamentos de longe; vigia-as e guia-as no seu trabalho e transforma-as em agentes de sua vontade. À medida que o corpo mental se desenvolve e que o homem vai vivendo e trabalhando nele conscientemente, vai também conhecendo cada vez melhor toda a vida maior e mais vasta que vive no plano mental. Embora permaneça no corpo físico e por intermédio desse mesmo corpo tenha consciência dos objetos físicos que o rodeiam, acha-se contudo ao corrente do que se passa no mundo mental e desenvolve lá a sua atividade, sem necessitar de adormecer o corpo físico para poder usar as suas faculdades superiores. Em geral, serve-se do sentido mental, de modo que o homem sente simultaneamente as operações mentais dos outros indivíduos e os seus movimentos físicos.

Quando o homem atingiu esta fase de desenvolvimento — desenvolvimento relativamente elevado quando comparado ao resto da humanidade, embora ainda medíocre quando comparado àquilo a que ele aspira — já funciona conscientemente no seu terceiro veículo ou corpo mental, inteirando-se de tôdas as ações que realiza nesse corpo e adquirindo a experiência direta dos seus poderes e limitações. Aprende necessariamente a distinguir-se a si próprio do veículo de que se serve. Em seguida compenetra-se do caráter ilusório do "eu" pessoal, o "eu" do corpo mental e não do homem, e identifica-se conscientemente com a individualidade que reside nesse corpo superior, o corpo causal que reside nos planos mentais mais elevados, os planos do mundo *arûpa*. Descobre que ele, homem, pode separar-se do corpo mental; deixá-lo para trás e contudo permanecer sempre ele mesmo, embora continue a elevar-se sempre mais alto, cada vez mais alto. Por fim, adquire a certeza de que muitas vidas formam na realidade só uma vida e de que ele, o homem vivo, conserva a sua identidade intacta através dessas vidas todas.

E agora consideremos os elos, os órgãos de transição que ligam estes diferentes corpos entre si. Estes elos existem primeiro sem que o homem tenha consciência deles. Não há dúvida que existem, pois do contrário não poderia passar do plano mental para o plano físico, mas de princípio o homem ignora isso por completo; os elos não se acham ativamente vivificados, assemelhando-se quase aos órgãos rudimentares do corpo físico. Todos os estudantes de Biologia sabem que os órgãos rudimentares são de duas espécies: uma delas mostra-nos os vestígios das fases que o corpo outrora atravessou no decorrer da sua evolução e a outra dá umas indicações acerca do desenvolvimento futuro do ser. Estes órgãos existem, mas não funcionam; a sua atividade no corpo físico ou pertence ao passado ou ao futuro; ou estão mortos ou ainda para nascer. Os elos que ouso chamar, por analogia, os órgãos rudimentares da segunda espécie, ligam os corpos denso e etérico ao corpo astral, o corpo astral ao corpo mental e o corpo mental ao corpo causal. Existem, mas têm de ser postos em atividade; isto é, têm de ser desenvolvidos, e, à semelhança dos seus análogos físicos, só podem ser desenvolvidos pela prática. São percorridos pela corrente vital e pela corrente mental, que os alimentam e lhes dão vida, mas para entrarem em atividade é mister que o homem lhes consagre toda a sua atenção e empregue toda a sua força de vontade para lhes apressar o desenvolvimento. A ação da vontade principia a vivificar estes elos rudimentares, os quais, pouco a pouco, talvez muito lentamente, começarão a funcionar no homem, que os empregará para transportar a consciência de veículo para veículo.

No corpo físico existem centros nervosos, pequenos grupos de células nervosas, através dos quais passam todas as impressões exteriores e todos os impulsos do cérebro. Se um destes centros sofre qualquer perturbação, surgem logo mil complicações que desregularizam o equilíbrio da consciência física. Existem centros análogos no corpo astral, mas no homem pouco evoluído são rudimentares e não funcionam. Estes centros são os elos que unem o corpo físico ao astral, o corpo astral ao mental; à medida que a evolução vai seguindo o seu curso, são vivificados pela vontade, que libera e movimenta o "Fogo Serpentino", denominado *Kundalini* nos livros hindus. A fase preparatória para a ação direta que libera *Kundalini* consiste na educação e na purificação dos veículos, porque se esta purificação não for completa, o fogo tornar-se-á uma energia destruidora. Por isso insisti tanto sobre a purificação, dizendo ser um estado preliminar, indispensável à verdadeira ioga.

Quando o homem se achar em estado de ser auxiliado na vivificação destes elos, sem possibilidade de correr perigo, não lhe faltará auxílio desta qualidade, prestado por todos aqueles que procuram constantemente ocasiões de ajudar o aspirante sincero e desinteressado. Um belo dia, o homem descobre que, mesmo acordado, pode abandonar o seu corpo físico, e que sem ruptura da consciência pode gozar da mais completa liberdade. Depois de se repetir este fenômeno várias vezes, a passagem de veículo para veículo torna-se fácil e familiar. Quando o corpo astral deixa o corpo físico imerso em profundo sono, há um breve período de inconsciência, e mesmo quando o homem está funcionando ativamente no plano astral, não consegue evitar essa inconsciência ao regressar ao corpo físico. Se estava inconsciente ao abandonar o corpo, é mais que provável que tornará a penetrar nele inconsciente. No plano astral pode ter uma consciência extraordinariamente nítida e ativa e, contudo, a impressão deixada no cérebro físico será nula, inteiramente nula. Mas quando o homem abandona o corpo com plena consciência do que faz, depois de ter desenvolvido a atividade dos elos que ligam os veículos entre si, já não existe para ele abismo nenhum. A sua consciência passa rapidamente de um plano para outro, atestando-lhe que é o mesmo homem em ambos os planos.

Quanto mais o cérebro físico se habituou a responder às vibrações do corpo mental, mais facilidade há em transpor o abismo que separa o dia da noite. O cérebro torna-se o instrumento cada vez mais obediente do homem, exercendo as suas atividades sob os impulsos da vontade do seu senhor, semelhante ao cavalo bem amestrado, que obedece à mais ligeira pressão do joelho ou da mão. As portas do mundo astral acham-se abertas de par em par ante o homem que assim reuniu os dois veículos inferiores da consciência. Este mundo pertence-lhe, com todas as suas possibilidades, com todos os seus poderes mais vastos, com as suas maiores oportunidades de prestar serviço e ministrar auxílio. Então lhe é concedida a alegria de socorrer os que sofrem e desconhecem quem assim lhes concede alívio aos seus males; de derramar um bálsamo sobre feridas que logo se curam milagrosamente; de erguer fardos que imediatamente deixam de pesar sobre os ombros macerados que os suportavam.

Contudo, para atravessar o abismo que separa uma vida de outra vida, tudo isto ainda não é suficiente. Transportar ininterruptamente a recordação através de dias e noites significa somente que o corpo astral funciona de modo razoável e que os elos de ligação entre esse corpo e o corpo físico desenvolvem uma atividade normal. Se o homem quer transpor o abismo que separa uma vida de outra vida, não lhe basta funcionar em plena consciência no seu corpo astral ou mesmo no seu corpo mental. porque o corpo mental compõe-se de materiais dos planos inferiores do mundo manásico, que não constituem o ponto de partida da reencarnação. O corpo mental desagrega-se quando soa a sua hora, como também sucedeu aos corpos físicos e astral, não podendo, portanto, transportar nada para o outro lado, Numa palavra: pode ou não o homem funcionar conscientemente dentro do seu corpo causal, nos planos superiores do mundo manásico? É o corpo causal que passa de vida para vida; é no corpo causal que todos os materiais são acumulados; é no corpo causal que reside tôda a experiência adquirida, porque é para aí que a consciência se retira depois de cada existência, a fim de descer novamente, ao ter que dar início a mais uma vida.

Sigamos agora a alma através das várias fases da sua vida fora do mundo físico e vejamos quais são os limites do reino da Morte. O homem retira-se primeiro da parte mais densa do corpo físico; esta decompõe-se gradualmente e é reintegrada no mundo físico; aqui não resta absolutamente nada que possa servir para transmitir o elo magnético da recordação. O homem acha-se agora revestido da parte etérica do seu corpo físico, mas em breve se desfaz deste invólucro etérico, que por sua vez é reintegrado nos elementos a que pertence. Portanto, nenhuma recordação relacionada com o cérebro etérico o ajudará a transpor o abismo. Continuando a sua peregrinação, passa para o mundo astral, e aí permanece até se libertar do corpo astral, que tem a mesma sorte dos dois precedentes: isto é, o "cadáver astral" desagrega-se também, e restitui os seus materiais ao mundo astral, interrompendo tudo quanto podia servir de base aos elos magnéticos da recordação. O homem chega agora ao corpo mental e vai residir nos níveis rupa do Devacan, onde permanece durante centenas de anos, elaborando faculdades, gozando do fruto das suas obras. Um belo dia, porém, tem de abandonar também este corpo, substituindo-o pelo corpo causal, para onde transporta a essência de tudo quanto acumulou e assimilou. Deixa o corpo mental entregue ao processo de desagregação semelhante ao dos outros veículos mais densos, porque a matéria de que se compõe, embora seja sutil sob o nosso ponto de vista, não o é bastante para poder atingir os planos superiores do mundo manásico. Portanto, o homem desembaraça-se dele, deixando-o incorporar-se gradualmente aos materiais da região que lhe é própria. Assim, mais uma vez, a combinação se resolve nos seus elementos. Durante a sua ascensão, o homem foi abandonando sucessivamente os seus corpos, e só quando chega a planos arupa do mundo manásico é que se acha fora do alcance da Morte e da sua ação dissolvente. Ultrapassa finalmente os domínios da Morte e vai residir no corpo causal, sobre o qual ela não pode exercer o seu poder e aí armazena todos os tesouros que acumulou. Explica-se assim o seu nome de corpo causal, visto nele residirem todas as causas que afetam as encarnações futuras. O homem deve então principiar a funcionar com plena consciência nos planos arupa do mundo manásico, dentro do seu corpo causal, antes de conseguir que a sua memória transponha o abismo da morte. Uma alma pouco evoluída não pode conservar a sua consciência ao penetrar nessa região; entra, acompanhada de todos os gérmens das suas qualidades; a sua consciência tem um rápido vislumbre do passado e do futuro e em seguida o Ego deslumbrado mergulha numa nova encarnação. Trouxe os gérmens até ao corpo causal e arremessa para cada plano aqueles que a ele pertencem e esses gérmens atraem, cada um segundo a sua espécie, a substância que lhes convém. Os gérmens mentais atraem portanto em torno de si a substância dos planos rupa do mundo mental onde se encontram, e essa substância assim acumulada mostra as características mentais que lhe foram concedidas pelo gérmen interior. A glande só se pode desenvolver num carvalho, e não numa bétula ou num cedro; do mesmo modo, o gérmen mental só se pode desenvolver segundo a sua própria natureza e não segundo outra qualquer É assim que o Carma procede à construção dos veículos:

o homem colhe o que semeia. O gérmen arremessado do corpo causal só se pode desenvolver segundo a sua espécie. Atrai o gérmen da matéria que lhe corresponde e o dispõe na sua forma característica, reproduzindo assim fielmente as qualidades adquiridas pelo homem no passado. Quando penetra no mundo astral, arremessa os gérmens que pertencem a esse mundo e os gérmens por sua vez atraem todos os materiais astrais e as essências elementais suscetíveis de servir aos seus fins. Portanto, assim que o homem entra novamente no plano astral, tornam a aparecer os desejos, as emoções e as paixões que pertencem ao seu corpo de desejo ou corpo astral. Para que a consciência das vidas passadas possa subsistir e transmitir através de todas estas transformações e todos estes mundos diferentes, é mister que desenvolva uma grande atividade neste plano elevado das causas, o plano do corpo causal. As pessoas não se recordam das suas vidas passadas porque são incapazes de utilizar conscientemente o seu corpo causal como veículo da sua consciência; este corpo ainda não desenvolveu nele uma atividade funcional independente. Existe indubitavelmente, constitui a essência das suas vidas, o seu verdadeiro "eu" donde tudo dimana, porém não funciona ainda ativamente. A sua atividade é inconsciente, maquinal; ainda não atingiu a sua "consciência própria", e enquanto o não fizer, a memória não poderá transpor sucessivamente todos os planos, e por conseqüência, não poderá também transpor o abismo que separa duas vidas. À medida que o homem avança na senda do progresso, vai tendo vislumbres de consciência que iluminam cada vez mais freqüentemente certos fragmentos do passado; mas esta luz fugitiva deve transformar-se numa luz contínua a fim de dar azo a que se produzam recordações consecutivas.

Perguntar-me-ão: "Será possível estimular estes vislumbres? Torná-los mais freqüentes? Será possível apressar o desenvolvimento gradual desta atividade da consciência nos planos superiores? O indivíduo inferior pode trabalhar com este objetivo em vista, se tiver paciência e coragem; pode esforçar-se cada vez mais por viver no "eu" permanente e por afastar o seu pensamento e a sua energia dos interesses triviais e efêmeros da vida exterior. Não quero dizer com isto que o homem se deva tornar sonhador e abstrato. absolutamente inútil tanto na vida de família como na de sociedade.

Pelo contrário, todos os seus deveres para com o mundo serão cumpridos com a perfeição que exige a dignidade daquele que os cumpre. Não faz nada toscamente, sem jeito, como um homem menos evoluído o faria, porque para ele o **dever é dever**, e enquanto tiver um credor neste mundo e uma dívida para liquidar, não descansará antes de ter pago tudo até ao último real. Cumprirá cada dever com a máxima perfeição, com todo o poder das suas faculdades, com a sua maior atenção. Porém estas coisas não despertarão o seu *interesse,* os seus pensamentos não se prenderão com os *resultados* destas ações, porque só quando tiver cumprido o dever, ficará novamente livre e o seu pensamento regressará à vida permanente, elevando-se até o plano superior, graças à energia das suas aspirações; aí principiará a viver a verdadeira vida, avaliando as trivialidades da vida mundana segundo o seu justo valor, que é absolutamente nulo. Em virtude desta aplicação constante, deste esforço contínuo para pensar de modo abstrato e elevado, o homem principiará a vivificar os elos de transição entre os seus estados conscientes sucesivos, e a introduzir gradualmente na sua vida inferior essa consciência infinita mais vasta que a sua, e que no entanto é seu verdadeiro "Eu".

Seja qual for o plano em que funciona, o homem é sempre um e o mesmo homem, e quando consegue funcionar nos cinco planos sem ruptura de consciência, o seu triunfo é completo. Esses entes a que chamamos Mestres, os "Homens tornados perfeitos", funcionam na sua consciência no estado de vigília, não só nos três planos inferiores, como também no quarto plano — esse plano de unidade, denominado "Turiya" no *Mandukyopani-*

shad, e ainda no plano superior a todos, o plano do *Nirvana.* Para Eles, a evolução chegou ao seu termo; já terminaram o percurso do nosso ciclo atual, e o que Eles são, também nós seremos um dia, quando atingirmos o ponto culminante da nossa penosa ascensão.

Isto constitui a unificação da consciência; os veículos conservar-se-ão à nossa disposição para nos servirmos deles, mas já não conseguirão tolher-nos os movimentos, e o homem poderá empregar qualquer dos seus corpos, segundo a natureza do trabalho que tencione efetuar.

Assim se realiza a conquista da Matéria, do Espaço e do Tempo. Para o homem unificado, já não existem barreiras nem obstáculos. À medida que vai subindo, encontra cada vez menos obstáculos em cada etapa; mesmo no plano astral, a matéria não possui o poder de dividir como neste mundo: não o pode separar dos seus irmãos com a mesma eficácia. O deslocamento no corpo astral é tão rápido que tanto o espaço como o tempo se podem considerar como praticamente conquistados; embora o homem tenha ainda a noção do espaço que atravessa, a sua rapidez é tamanha que para ele a distância que separa dois amigos um do outro já não existe. Basta esta primeira conquista para reduzir a distância física ao nada. Ao chegar ao mundo mental, o homem descobre em si outro poder: quando pensa num lugar, sente-se imediatamente transportado a esse lugar; quando pensa num amigo, vê logo o amigo diante de si. Mesmo no terceiro plano, sua consciência transcende as barreiras da matéria, do espaço e do tempo e acha-se sempre presente onde o desejo o leva. Tudo quanto o homem deseja ver, vê-o instantaneamente, assim que a sua atenção foi despertada; tudo quanto ouve numa única impressão, o espaço, a matéria, o tempo, tais como são conhecidos nos mundos inferiores, já não existem; desapareceram; no "eterno agora" já não há seqüência. Ao elevar-se mais alto ainda, outras barreiras se desmoronam: as barreiras que existem no interior da sua consciência. Adquire a certeza de que é *uno* com as outras consciências, com as outras coisas vivas; é-lhe dado sentir como eles sentem, pensar como eles pensam, saber como eles sabem. Pode tornar as limitações deles suas, por momentos, a fim de compreender exatamente a sua maneira de pensar, conservando contudo a sua consciência própria. Pode servir-se do seu conhecimento mais vasto para ajudar o pensamento mais estreito e mais restrito, identificando-se com esse pensamento a fim de lhe facilitar a sua expansão. Assume funções inteiramente novas na natureza, quando já se não acha separado dos outros, quando compreende a unidade do Ego com o todo, e principia a espargir as suas energias do plano dessa mesma unidade. Querendo, até se pode identificar com os animais inferiores, para sentir como o mundo se apresenta aos olhos deles e poder dispensar-lhes o auxílio de que necessitam, pelo qual anseiam e que em vão tentaram obter. Portanto, a conquista do homem não o abrange só a ele, mas sim a todos; os poderes cada vez mais vastos que adquire são destinados unicamente ao serviço de todos os que lhe são inferiores na imensa escala da evolução. É assim que se torna "consciente de si" em todo o mundo; eis a razão por que aprendeu a vibrar em uníssono com todos os gritos de dor, com todos os impulsos de alegria ou de tristeza. Atingiu o que se tinha proposto atingir; a sua obra está consumada e o Mestre é o homem "que não tem mais nada que aprender". Não queremos dizer com isto que Ele seja onisciente, que toda espécie de conhecimento se ache simultaneamente presente na Sua consciência; queremos unicamente dar a entender que tudo quanto existe dizendo respeito ao grau de evolução por Ele atingido se Lhe acha absolutamente franqueado; para Ele não há enigmas; tem logo inteira consciência de tudo quanto lhe desperta a atenção. Tudo quanto vive no nosso ciclo atual de evolução, e não há nada que não viva, é suscetível de ser por Ele compreendido. e portanto, auxiliado.

É este o último triunfo do homem. Todas estas coisas de que lhes tenho falado seriam fúteis e triviais se fossem adquiridas unicamente para beneficiar o "eu" mesquinho, que neste mundo reconhecemos como sendo o "eu".

Todos os passos que me tenho esforçado por te fazer dar nesta senda, leitor amigo, seriam absolutamente inúteis se o resultado fosse atingires um pincaro isolado, onde permanecerias separado de todos os pecadores, teus irmãos, que sofrem e arrastam uma vida amargurada, em vez de te conduzirem ao âmago de todas as coisas, onde tu e eles formam eternamente um *uno*. A consciência do Mestre expande-se, segundo o Seu desejo, para todos os lados, indiferentemente; assimila-se a todo e qualquer ponto para o qual Ele a dirige; adquire o conhecimento de tudo quanto Ele aspira conhecer. E qual é o fim que tem em vista? Fazer que o homem possa auxiliar de uma maneira absolutamente perfeita, obter que Ele sinta tudo quanto existe, que dê alento a tudo quanto sofre, que fortaleça tudo quanto é fraco, numa palavra, que ajude a evolução geral. Para o Mestre, o mundo é um vasto "Todo" em evolução, e o seu lugar nele é o de uma Força consciente que auxilia essa evolução. Pode identificar-se com qualquer etapa da longa caminhada da vida, a fim de dar a essa etapa a assistência necessária. Ajuda os reinos elementais a evoluir em direção à matéria; do mesmo modo ajuda a evolução ascendente dos minerais, das plantas, dos animais e dos homens. Ama e ajuda todos "como a Si mesmo", porque a glória da sua vida consiste em tudo *ser* ele mesmo e contudo em poder auxiliar todos, tendo a consciência , ao dispensar o auxílio, da Sua própria identidade com aquilo que auxilia.

O mistério do "porquê" disto tudo vai-se revelando gradualmente à medida que o homem se desenvolve e que sua consciência se vai expandindo, tornando-se mais viva, mais extensa, sem nunca perder a noção de si mesma. Quando o ponto se tornou a esfera, vemos que a esfera é afinal o ponto; cada ponto contém todas as coisas e sabe que é uno com todos os outros pontos. O exterior constitui afinal o reflexo do interior; a única realidade é a Vida Una, e a diferença é somente uma ilusão que para sempre se dissipou.